CÓMO SEGUIR SIENDO HUMANO EN UN MUNDO JODIDO

CÓMO SEGUIR SIENDO HUMANO EN UN MUNDO JODIDO

Practicar el *mindfulness* en la vida cotidiana

TIM DESMOND

HarperCollins *Español*

Los libros de HarperCollins Español pueden ser adquiridos para propósitos educativos, empresariales o promocionales. Para más información, envíe un correo electrónico a SPsales@harpercollins.com.

Título original: *How to Stay Human in a Fucked-Up World*

Publicado por HarperCollins Publishers

PRIMERA EDICIÓN

Editor: Edward Benítez

Traducción: Luz Y. Anés Rivera

Diseño: Yvonne Chan

Este libro ha sido debidamente catalogado en la Biblioteca del Congreso de los Estados Unidos.

ISBN 978-0-06-299232-1

20 21 22 23 24   LSC   10 9 8 7 6 5 4 3 2 1

*Este libro está dedicado a todas las personas
que se preocupan tan profundamente por el mundo
que las termina matando.*

CONTENIDO

INTRODUCCIÓN 1

CAPÍTULO 1
ALGO MÁS ALLÁ DE LA DESESPERACIÓN   5

CAPÍTULO 2
ENCONTRAR LA BELLEZA DE LA VIDA   17

CAPÍTULO 3
EL ARTE DEL DESCONTENTO   27

CAPÍTULO 4
CONÓCETE A TI MISMO   55

CAPÍTULO 5
CÓMO SEGUIR SIENDO HUMANO
AUNQUE LA GENTE SEA BASURA   71

CAPÍTULO 6
¿POR QUÉ SUCEDEN COSAS MALAS?   97

CAPÍTULO 7
EL ARTE DE LA INEXISTENCIA   117

CAPÍTULO 8
SANANDO EL DOLOR DEL PASADO 133

CAPÍTULO 9
NO ESTÁS LOCO 151

CAPÍTULO 10
CÓMO SER VALIENTE 169

CAPÍTULO 11
**LA COMUNIDAD COMO UN REFUGIO,
LA COMUNIDAD COMO UN ARMA** 189

CAPÍTULO 12
TUS DIEZ MIL HORAS 203

EPÍLOGO 227
AGRADECIMIENTOS 229
SOBRE EL AUTOR 231

INTRODUCCIÓN

Me encontraba sentado en una cárcel en San Francisco con unos amigos. Estábamos en una celda de detención cuidándonos algunas heridas leves, pero ninguno de nosotros estaba gravemente lastimado. Ya habíamos sido arrestados juntos en muchas protestas anteriormente y sabíamos que pasarían un par de horas antes de ser liberados. En aquel entonces estaba en la escuela de posgrado de psicología y me sentía bastante orgulloso de no haber «superado» mi fase de rebelión (y así es hasta el momento).

Estábamos matando el tiempo hablando sobre si pensábamos que el mundo estaba mejorando o empeorando. Mi amigo Erik dijo que creía que el mundo estaba mejorando. Dijo que, si uno piensa en cómo estaba el mundo en 1850, con la esclavitud, el colonialismo, el genocidio de los nativos americanos y la subyugación de las mujeres, el presente tendría que ser mejor. Tenía sentido.

Sin embargo, Stephen, otro amigo, dijo que pensaba que el mundo estaba empeorando. Señaló cómo la riqueza y el poder se concentran cada vez más en manos de pocas personas, y cuestionó de qué manera iban a mejorar las cosas si era poco probable que el planeta siguiera siendo habitable de aquí a cien años. Era otro buen punto.

Mientras debatían, yo me limitaba a escuchar. Había participado en la misma discusión en muchas ocasiones y siempre me había fascinado. Ambos puntos de vista diametralmente opuestos me resultaban atractivos, y me pregunté si ambos podrían ser ciertos. ¿Podría el mundo mejorar y empeorar al mismo tiempo?

Me surgieron otras dudas sobre cómo podría cambiar mi actitud si eligiera finalmente un lado. Si creía que el mundo estaba empeorando, ¿pensaría que todos nuestros esfuerzos por ejercer un cambio positivo estaban condenados al fracaso? Por otro lado, si creyera que estaba mejorando, ¿me sentiría apático, como si todo nuestro trabajo no fuera realmente necesario?

Apenas un mes antes estaba en un retiro estudiando meditación con el maestro Zen Thich Nhat Hanh. Durante una de sus conferencias habló sobre una idea budista, los «medios hábiles»: a veces lo más importante de un sistema de creencias es cómo te afecta. ¿Qué tipo de cosmovisión me haría una mejor persona? ¿Cuál de ellos ayudaría a mantenerme comprometido a trabajar por un cambio?

Tras dedicarle mucho pensamiento, decidí que ambas perspectivas proveían una razón para rendirse y otra para persistir. Quizás los seres humanos están evolucionando hacia un tipo de conciencia más iluminada, y quizás llevamos destruyendo todo lo que tocamos desde que dejamos de ser cazadores-recolectores. Quizás ambas afirmaciones son ciertas, o ninguna de ellas. En todo caso, ninguna de éstas cambiaría lo que quiero hacer con mi vida.

Existe muchísimo sufrimiento en nuestro mundo y no podría imaginarme una mejor manera de pasar mi vida que intentando dejar las cosas mejor de lo que las encontré. Esta motivación ha sido la fuerza propulsora de mi vida y me ha llevado por todo el mundo a estudiar meditación en monasterios budistas, a organizar movimientos sociales, a fundar organizaciones no lucrativas y, recientemente, a liderar una nueva empresa de salud mental en Google. He escrito este libro con la esperanza de compartir lo que he aprendido, de modo que pueda servirles de ayuda en nuestro hermoso y jodido mundo.

CAPÍTULO 1

ALGO MÁS ALLÁ DE LA DESESPERACIÓN

«No te haría descender a tu propio sueño.
Quiero que seas un ciudadano consciente
de que este mundo es terrible y hermoso».

—TA-NEHISI COATES

El 14 de noviembre de 2016, tan sólo seis días después de que Donald Trump ganara las elecciones, mi esposa, Annie, se despertó en medio de la noche con un dolor insoportable. Tras el viaje a la sala de emergencias, supimos que el cáncer contra el que había estado luchando durante más de un año se había extendido a su abdomen y que un tumor le estaba bloqueando el riñón izquierdo. Varias horas más tarde, salió de la cirugía con un tubo de plástico implantado en su costado para drenar la orina en una bolsa. Me dijeron que quizá tendría que llevar este tubo por el resto de su vida. Cuando nuestro hijo de tres años la visitó, tuve que enseñarle a no tocarlo.

En ese momento sentí que la desesperación llamó a mi puerta casi audiblemente. Me dijo: «Tu vida es una mierda. Todo está completamente jodido. Lo mejor que puedes hacer es encogerte y llorar en una esquina».

En ese momento tan intenso, pensé en una historia que el monje vietnamita, budista y activista por la paz, Thich Nhat Hanh, había contado innumerables veces durante los años que estudié con él. Trata sobre un plátano y dice así:

En un día cualquiera, Thich Nhat Hanh se encontraba meditando en la jungla de Vietnam y vio un joven plátano que tenía sólo tres hojas. La primera hoja había crecido del todo, era ancha, plana y de color verde oscuro. La segunda hoja aún estaba parcialmente encorvada debajo de la primera, y la tercera hoja aún estaba tierna, de color verde muy claro, y apenas empezaba a desplegarse.

Esto sucedió en medio de la guerra de Vietnam y él lideraba una enorme organización de jóvenes que ayudaban a reconstruir las aldeas que habían sido destruidas por las bombas y el napalm. Se pasaba casi todos los días con los aldeanos cuyas vidas habían sido devastadas por la guerra, y había sido testigo de la muerte de varios de sus allegados. Su mayor preocupación en ese momento de su vida era cómo conciliar la intensidad de su llamado para ayudar a las personas que sufrían por medio del *mindfulness*. Reconocía la importancia de evitar que su práctica de *mindfulness* se viera afectada por la desesperación, pero ¿de qué manera podría justificar la cultivación de la paz y la alegría consigo mismo mientras tantas otras personas fallecían?

Esta era la pregunta que tenía en mente cuando miraba al joven plátano y tuvo una revelación. Se le ocurrió que la hoja de plátano más vieja estaba disfrutando plenamente de su vida como hoja. Estaba absorbiendo el sol y la lluvia, irradiando belleza y tranquilidad. Ésta, sin embargo, no había abandonado a las demás en busca de su propia felicidad. De hecho, mientras se alimentaba a sí misma, tomando el sol, lo hacía también para las hojas más jóvenes, para el plátano y para toda la jungla. Decidió que los seres humanos también hacen lo mismo: al alimentarnos de paz y alegría, apoyamos, además, el bienestar de las personas de nuestras vidas.

En esa sala de hospital, al mirar a mi esposa e hijo, no pude evitar percibir cuánto me necesitaban. No necesitaban que hiciera algo en particular. Necesitaban que me quedara con ellos y les ayudara a entender que no estaban solos, que la vida aún valía la pena. Si pudiera encontrar la manera de no perder de vista todo lo hermoso y alegre de la vida, acceder a algo más allá de la desesperación en lo más profundo de mi ser, podría ofrecerles algo a las personas que más quiero.

ALGO MÁS ALLÁ DE LA DESESPERACIÓN

Si miras a tu alrededor hoy en día, es difícil no llegar a la conclusión de que el mundo está tremendamente jodido.

Por supuesto que sigue habiendo mucha belleza, pero la gran cantidad de violencia, codicia, odio y descarada estupidez que existe en nuestro mundo podría abrumarnos si nos permitimos prestar demasiada atención y dar mucha importancia.

Lo peor, en mi opinión, es lo que les ocurre a las personas de buen corazón cuando nos sentimos abrumados por toda esta cuestión. Estamos comprometidos a prestar atención y darle importancia y nos negamos a la hora de aprovecharnos de cualquier excusa que podamos encontrar para escapar. Sin embargo, la intensidad del sufrimiento que experimentamos nos envenena, y empezamos a perder nuestra humanidad. Por un lado, terminamos desesperados, por otro, caemos víctimas de la superioridad tóxica.

«La superioridad tóxica» es un término acuñado por la escritora y activista Starhawk para describir la autoconfianza cargada de ira que acapara nuestro discurso político. La superioridad tóxica es lo que sucede cuando estamos a pocos centímetros de llegar a la desesperación, pero encontramos, de alguna manera u otra, la fuerza para defendernos en lugar de desfallecer. Bajo ese estado somos incapaces de escuchar, y a veces no entendemos por qué debíamos hacerlo al considerar que nuestros oponentes son inferiores a nosotros. Si alguien nos dice que nuestro enfado e indignación no aportan nada, nos ponemos violentamente defensivos porque creemos que la única otra alternativa es rendirse del todo.

El desafío de seguir siendo humano en un mundo jodido se reduce a cómo respondemos ante la gran cantidad de sufrimiento que nos llega de todas direcciones. Sin importar que esté sufriendo por cuestiones personales, por mis seres queridos, o a causa del dolor que siento cuando le presto atención a las malas condiciones de nuestro mundo (y suelo sufrir por todas éstas), necesito encontrar la manera de mantener la compasión para no acabar abrumado. Si no logro hacerlo, me desesperaré, poseído por la superioridad tóxica, o (en el peor de los casos) encontraré cualquier pequeña burbuja de privilegio —o cualquier excusa— para escapar y despreocuparme.

Tras entender que el sufrimiento del mundo puede convertirme en alguien que no quiero ser, me siento extremadamente motivado para encontrar una manera de seguir siendo humano. No quiero dejar de preocuparme, pero tampoco quiero ahogarme en ira y amargura. Quiero seguir presente y ser una fuerza positiva. Quiero convertirme en una de las hojas del plátano de Thich Nhat Hanh, con suficiente alegría y paz para poder beneficiarme a mí mismo y a los demás. Me niego a dejar que todo lo que está jodido en el mundo me despoje de mi humanidad.

DE AQUÍ A ALLÁ

¿Cómo me convierto en ese tipo de persona? ¿Cómo puedo fortalecer esa capacidad? ¿Qué se supone que haga si esto se me hace difícil? ¿Qué hago si se me hace muy difícil superar la ira, la desesperación y me encierro dentro de mí mismo? ¿Es posible cambiar?

Te puedo garantizar que cuando fui expuesto por primera vez al entrenamiento de *mindfulness* y compasión como estudiante universitario a los diecinueve años estaba mucho más jodido que tú. Crecí pobre en Boston con una madre soltera y alcohólica. Fui víctima de *bullying* a menudo, indigente en mi adolescencia y nunca conocí a mi padre. Cuando llegué a la universidad estaba enojado y solo, y no era muy sociable.

Cuando mi profesor de Ciencias Políticas nos asignó la lectura de *Hacia la paz interior* de Thich Nhat Hanh, mi vida cambió. Reconocí que el *mindfulness* y la compasión eran precisamente los elementos que faltaban en mi vida. Luego, como hacen a veces los muchachos de diecinueve años cuando encuentran algo que tiene sentido para ellos, me sumergí en estas prácticas, y pasé varios meses de cada año de retiro con Thich Nhat Hanh, siguiéndolo a dondequiera que fuera.

Tras toda esa práctica y estudio he logrado sentir más alegría y libertad de lo que hubiera creído posible. He pasado de ser alguien que convivía con muchísimo sufrimiento y con comportamientos autodestructivos, a alguien capaz de tener intimidad y de sentir auténtica armonía en su vida. Si yo pude cambiar, cualquiera puede hacerlo.

NADA SALE GRATIS (HASTA QUE LO ES)

Por otro lado, cambiar no es fácil, y no sucede por arte de magia. Requiere encontrar ideas y prácticas que tengan sentido para nosotros a un nivel más profundo. Tenemos que comprometernos con ellas y permitir que nos ayuden a cambiar nuestra cosmovisión. Luego tenemos que poner lo aprendido en práctica y ver qué efectos tienen en nuestras vidas. Finalmente, cuando encontramos una doctrina o un entrenamiento que nos parezca muy útil, debemos comprometernos a practicarla de manera deliberada. Mientras más tiempo y esfuerzo le dediquemos, más cambios positivos podremos anticipar.

Y es ahí que sucede algo mágico. Las prácticas e ideas que al principio solían requerir tanto esfuerzo comienzan a sentirse como si formaran parte de nuestra naturaleza. Es como cuando te esfuerzas en aprender a hablar francés y de repente te das cuenta de que has desarrollado un poco de fluidez. Ahora puedes tener una conversación en francés sin tantos tropiezos. En este caso, empezamos a presentir que los pensamientos compasivos aparecen por sí solos en lugar de la rabia que hubiéramos sentido en el pasado. Empezamos a disfrutar del fruto de nuestro esfuerzo. Aquel que nos lleva a hacer las cosas con naturalidad.

LAS PALABRAS SE ENFERMAN

Es posible prestar atención y preocuparse por el sufrimiento que existe en el mundo sin dejar que éste nos envenene. Existe un estado mental que podemos desarrollar para mantenernos conscientes del sufrimiento sin dejar que afecte nuestra felicidad. Podemos aceptar que el dolor es parte inevitable de la vida sin dejar que nos convierta en seres insensibles o indiferentes. Podemos responder a ello, en cambio, con una aceptación radical y la voluntad para hacer todo lo posible para aliviar el sufrimiento.

La palabra que mi profesor Thich Nhat Hanh utiliza para describir esta forma de relacionarse con la vida es *mindfulness*. Sin embargo, no me gusta ya que demasiada gente la utiliza para referirse a algo completamente diferente a las enseñanzas de Thich Nhat Hanh. Dicen que el *mindfulness* consiste en respiraciones profundas, en sentarse en un cojín en el piso o en mirar con desinterés tus pensamientos y emociones, como si estuvieras viendo un programa aburrido en la televisión.

Cuando Thich Nhat Hanh utiliza la palabra *mindfulness*, describe una forma de relacionarse con el mundo (con el sufrimiento en particular) que incluye la compasión, alegría, ecuanimidad y sabiduría. Ésta es la calidad que nos permite seguir siendo humanos ante situaciones jodidas: la disponibilidad, la empatía y la capacidad de relacionarnos con los demás.

Es posible que las palabras se enfermen y pierdan su significado. Cuando esto sucede, podemos dejar la palabra a un lado, o podemos intentar restaurar su significado. No estoy del todo dispuesto a renunciar a la palabra *mindfulness* (al menos no en este momento), pero cuando la uso, recuerda que me refiero a su significado más profundo.

Sin importar cómo quieras llamarle, la capacidad de seguir siendo humano ante el sufrimiento extremo es una rareza en nuestro mundo. También es algo que necesitamos con urgencia. Así que la siguiente pregunta que debemos hacernos es cómo desarrollar esta capacidad en nosotros mismos. ¿De qué manera podemos aprender a perfeccionar esta práctica?

He dedicado mi vida a estudiar esta interrogante y he llegado a la conclusión de que se puede desarrollar tras adquirir una serie de habilidades específicas. Este libro está diseñado para ayudarte a desarrollar las habilidades que te ayudarán a seguir siendo humano —a prestar más atención, a preocuparte profundamente y a sentirte conectado— incluso ante situaciones realmente jodidas. Primeramente, aprenderás en qué consiste cada habilidad. Después, la practicarás hasta encontrar la manera de incluirla beneficiosamente en tu día a día. Finalmente, seguirás practicándola hasta que empieces a sentir que la ejecuta con naturalidad.

CAPÍTULO 2

ENCONTRAR LA BELLEZA DE LA VIDA

«Por más estúpidos y viciosos que sean los hombres, hoy es un día hermoso».

—KURT VONNEGUT

Cuando la vida está jodida es tan fácil creer que no existe nada bueno en el mundo y que, aunque existiera, poco importaría. Sin embargo, si sólo le prestas atención a lo malo, terminarás inevitablemente agotado y abrumado, porque la felicidad es el motor que necesitamos para mantenernos presentes ante el sufrimiento.

Demasiadas personas se enfocan exclusivamente en todo lo que va mal en sus vidas y en el mundo, y terminan demasiado quemados para hacer algo al respecto. Existe una manera de estar presentes ante el sufrimiento sin que te agobie. La mayor parte de este libro se enfocará en enfrentar el sufrimiento directamente, pero la primera habilidad que tendrás que aprender es aquella de encontrar la belleza de la vida. Si no eres capaz de hacerlo, te parecerá que el sufrimiento es lo único que existe en el mundo, y eso destruirá tu espíritu. Esta práctica no consiste en «mirar el lado positivo», o en cualquier otra forma de negar el dolor y la injusticia. Es, en cambio, una habilidad esencial para seguir siendo humano.

En cada momento de la vida hay infinitas razones para sufrir e infinitas razones para ser felices. Nuestra experiencia depende, en gran medida, de dónde estemos enfocando nuestra atención. Por ejemplo: imagina que te tomas un par de minutos para hacer una lista de todo lo que te podría estar molestando en este momento. La lista sería interminable. Ahora imagina invertir el mismo tiempo en hacer una lista de todo lo que podría alegrarte, como el cielo durante una puesta de sol, el sonido de la lluvia, o los ojos de un recién nacido que te mira. Ésta también podría extenderse.

Muchos de nosotros creemos que es imposible ser feliz hasta que todas nuestras razones para sufrir hayan desaparecido. Pero sabemos, sin embargo, que eso nunca va a suceder. Siempre habrá motivos para sufrir: algunos menores, como metas que no hayamos cumplido o gente que no nos entienda, y algunas mayores, como la guerra, la pobreza, la opresión y el cambio climático.

Estas razones existen, pero no lo son todo. Para poder ser alegría, necesitamos ser capaces de prestar atención a lo que es bello en este momento. Eso no significa que estemos negando nuestros problemas personales o aquellos del mundo. Significa, en cambio, que reconocemos lo trágico que sería pasar la vida ignorando toda la belleza y las maravillas que nos rodean. Si postergamos nuestra felicidad hasta que desaparezcan todos los motivos para sufrir, nunca tendremos la oportunidad de ser felices. Si no nos alimentamos de momentos felices, no tendremos energía para mejorar el mundo.

Podemos desarrollar la habilidad de encontrar la belleza de la vida entrenándonos en la capacidad de elegir dónde centrar nuestra atención en lugar de dejar que nuestra mente se enloquezca con preocupaciones y prejuicios. Conseguirlo conlleva compromiso, pero si lo haces bien, deberías sentirte bien contigo mismo. Estamos recordando cómo volver a apreciar las formas de las nubes, la sensación de la brisa tibia sobre nuestra piel, y volver a disfrutar la presencia de un ser querido a nuestro alrededor.

DISFRUTA DE NO TENER UN DOLOR DE MUELAS

A medida que aprendemos a reconocer la belleza de la vida, también empezamos a notar todo lo que no va mal. Por ejemplo: cuando tenemos un dolor de muelas está claro que nos haría más felices no estar sufriendo de ello. Olvidamos, sin embargo, la suerte que tenemos tan pronto nos deja de doler. Detente un momento a pensar en si puedes realmente disfrutar de no tener un dolor de muelas. Si tus muelas están bien, intenta decirte a ti mismo: «Si tuviera un dolor de muelas, lo que más querría en este momento es que me dejara de doler para sentirme mejor». Reflexiona sobre esta manera de pensar y sobre cómo te afecta.

Pensar de esta manera no significa que seas una persona ingenua o simplona. Es, en realidad, una forma de pensar mucho más racional que centrarse exclusivamente en nuestros problemas hasta sentirnos estresados e irritables. Existen en cada momento infinitas maneras en que la vida podría ser un poco mejor e infinitas maneras en que podría ser peor. La mayoría de nosotros tendemos a enfocarnos en las cosas que no nos gustan de nuestras vidas, o en todo lo que queremos cambiar. Como esta costumbre puede causar mucho daño, tiene sentido practicar un equilibrio en nuestra manera de pensar y tomar la decisión de reconocer todas las condiciones de felicidad que te rodean en el presente.

PRÁCTICA

- Deja este libro a un lado y dedica un minuto más o menos a apreciar todas las condiciones de felicidad que te rodean en este mismísimo momento.
- Puedes escribir una lista o simplemente pensar en ello.

- Si tu mente se distrae o se resiste a esta práctica, intenta decirte a ti mismo: «Mi mente cree que hay otros pensamientos que también son importantes, y eso es cierto. Sin embargo, me doy permiso para pensar en lo que es bello en mi vida por sólo un minuto. Todo lo demás puede esperar».
- Fíjate en cómo te sientes.
- Si te sientes bien, puedes hacerlo varias veces al día. Cuanto más practiques, más pronto notarás los cambios en tu vida.

LA BELLEZA DE LOS MOMENTOS DIFÍCILES

Como decía anteriormente, mi esposa, Annie, está recibiendo tratamiento para un cáncer de colon avanzado. Fue diagnosticada en 2015, justo después del segundo cumpleaños de nuestro hijo. Desde entonces, ha pasado por varias cirugías y recaídas, por quimioterapia y diversos viajes nocturnos a la sala de emergencias.

Una de las partes más difíciles de toda esta experiencia es la espera de los resultados. Me da igual esperar en el vestíbulo, pero una vez que nos llaman al consultorio, solemos esperar sentados unos veinte minutos antes de que él llegue, y es una tortura. Sé que el doctor podría irrumpir en cualquier momento con noticias que podrían cambiarlo todo. Me pongo en alerta con cada paso que oigo desde el pasillo.

Annie y yo siempre nos agarramos de las manos en esos momentos. Presto mucha atención a mi mente, haciendo todo lo posible por no dejarme llevar por las historias que pasan por mi cabeza. Quiero estar presente para poder apoyarla.

Hace unas semanas estábamos en el consultorio de nuestro médico esperando unos resultados y fui consciente de que un poderoso pensamiento empezaba a acaparar mi mente. «No». No, no quiero que esto suceda. No, me niego a aceptarlo. Todo mi ser rechazaba la realidad que me rodeaba, como si hubiese sido capaz de cambiarla por pura fuerza de voluntad. Quería estar presente para Annie, pero estaba perdiéndome en mi propio sufrimiento.

Gracias a mi entrenamiento, recurrí a la práctica de *mindfulness*. Cerré los ojos y centré toda mi atención en la tormenta de emociones que se desataba en mí. Me di permiso para sentir lo que estaba sintiendo y aceptarlo.

Después de unos minutos, se me ocurrió preguntarme a mí mismo por qué odiaba tanto esta experiencia. La respuesta fue inmediata: «porque amo a mi esposa y no quiero que se muera». Es obvio, ¿no? Pero aún así, tras sentir que mi mente y cuerpo ya estaban anclados sobre tierra, fue toda una revelación. La miré y sentí su mano cálida sobre la mía. Sabía que sufría tanto porque no quería perderla, porque la valoro enormemente. Pero en ese instante, está ahí, viva y a mi lado. ¿Por qué, entonces, he empezado el duelo? Estaba tan ofuscado en mi dolor que no era capaz de celebrar ese momento juntos. Desde esta nueva perspectiva, aquello parecía una pérdida de tiempo.

Cuando doy clases sobre el *mindfulness,* utilizo este ejemplo para mostrar cómo las buenas intenciones pueden llegar a ser fatídicas si no estamos conscientes. Le pido a todos que se imaginen a un hombre que conduce y que otro auto lo rebasa y éste decide sacar la cabeza por la ventanilla para insultarlo, y quizás tirarle una botella de agua de plástico. Si pudiéramos interrumpir y preguntarle al hombre por qué lo hace, podría decir: «¡Porque ese imbécil me rebasó!». Si profundizamos un poco más, podríamos preguntar por qué le molestó tanto y él respondería: «Porque puso mi vida en peligro y es una falta de respeto». «Entiendo», diríamos, «¿quiere sentirse seguro y ser respetado?». A lo que respondería: «Por supuesto». Así que buscaba seguridad y respeto gritando desde la ventana de su auto y lanzando cosas.

En ese preciso momento junto a mi esposa me sentí tan desacertado como el hombre de esta historia. Ahí estábamos, vivos y juntos. La intensidad de mis emociones se basó enteramente en lo mucho que la quiero. Lo único que tenía sentido era celebrar que estábamos juntos. Empecé a llorar lágrimas de alegría. En ese preciso momento estábamos vivos y lo único que podíamos hacer era sentirnos agradecidos.

Cuando el doctor finalmente llegó recibimos buenas noticias. Los resultados mostraron que su enfermedad no estaba progresando; sin embargo, ya habíamos visto muchos de ellos, tanto positivos como negativos, para sentirnos realmente a salvo. Dentro de unos pocos meses, volveremos a ese mismo consultorio sin ninguna manera de predecir lo que dirá el médico. Pero ese momento está en el futuro. Aquí y ahora, estamos vivos, y me niego a perder un minuto de este tiempo preciado. Esta experiencia nos está enseñando a celebrar cada momento de la vida que tenemos.

CAPÍTULO 3

EL ARTE
DEL DESCONTENTO

«El remedio para el dolor está en el dolor».

—RUMI

El 13 de octubre de 2011, el alcalde de Nueva York, Michael Bloomberg, dijo a los manifestantes de Ocupa Wall Street que serían desalojados al día siguiente para limpiar el parque Zuccotti con máquinas de lavado a presión. La mayoría de los manifestantes pensaban que esto de limpiar el parque era una estrategia para terminar con las protestas. De hecho, en *Saturday Night Live* se bromeó que cualquiera que haya pasado mucho tiempo en Nueva York sabe que no existen muchas pruebas de que los parques se limpien con lavados a presión.

Aquella noche, cientos de manifestantes alquilaron equipos de limpieza industrial y limpiaron el parque, mientras que otros organizadores planificaron cómo prevenir un desalojo forzoso. Después de una llamada a la mañana siguiente, más personas que nunca se amontonaron en el parque Zuccotti.

La mañana del 14 de octubre me pidieron que facilitara la Asamblea General junto a Nicole Carty, otra organizadora principal de las manifestaciones. Esa mañana, el parque de treinta y tres mil pies cuadrados era un mar de personas de todas las edades y contextos, conglomeradas hombro a hombro, arriesgando su propia seguridad al desafiar el aviso de desalojo del alcalde. El ambiente era increíblemente tenso cuando la policía antidisturbios acechó el perímetro.

A Nicole y a mí nos dieron una tarea imposible: convocar una reunión para llegar a un consenso entre las miles de personas que se encontraban en peligro físico inminente. Nuestra función principal era informarles sobre lo que estaba sucediendo, por ejemplo: «Este es el número de teléfono del Gremio Nacional de Abogados al que deben llamar si son arrestados». Además, intentábamos establecer una conversación sobre cómo debería responder la multitud si la policía avanzase hacia ellos.

Recuerdo estar de pie sobre un muro de piedra, observando la muchedumbre y percibiendo el miedo y la ira en sus caras, que amenazaban con acabar de aplacar sus esperanzas iniciales y convertir nuestra reunión en un caos. Pensé de nuevo en el plátano de Thich Nhat Hanh, y quería proyectar la mayor calma y solidez que pudiera para permitir que la práctica del *mindfulness* se difundiera, de alguna manera, entre la multitud. A pesar de que eso pareciera una buena idea estaba, en realidad, tan asustado como los demás.

Reconocí que el miedo que sentía estaba arraigado en los pensamientos sobre todas las maneras en que las cosas podrían ir terriblemente mal. Y a pesar de que mis miedos fueran perfectamente racionales, eran también muy inútiles.

Me detuve para respirar profundamente y centré mi atención en las sensaciones de tensión y agitación en mi cuerpo. Me di permiso para sentir esas sensaciones físicas sin intentar cambiarlas y les permití ser tan fuertes como quisieran. Durante tres o cuatro respiraciones se volvieron increíblemente intensas, pero tengo suficiente experiencia con esta práctica como para no preocuparme. Conversé con el miedo de mi cuerpo y le dije: «Puedes ser tan fuerte como quieras. Puedes quedarte o irte. Eres bienvenido. Estoy aquí para ti».

Sentí que la tensión y la agitación comenzaron a disminuir. Seguí respirando y recibí con benevolencia todas las sensaciones de mi cuerpo. Me dije a mí mismo: «Incluso cuando tienes miedo, eres amado. No tienes que hacer que el miedo desaparezca. Estoy aquí para ti». Después de respirar algunas veces más, me sentí tranquilo y firme.

Me vi frente a la muchedumbre mientras la policía emitía advertencias con sus megáfonos, y reconocí que no había ningún otro lugar en el mundo en el que prefiriera estar. Era obvio que las cosas podían salirse de control en cualquier momento, pero no estaban sucediendo ahora, y el hecho de estar asustado no iba a ayudar en nada.

Intenté decirme a mí mismo: «Este momento es un momento maravilloso». Lo dije instintivamente, y luego busqué razones para creerlo. Con mi cuerpo ya relajado no fue tan difícil hacerlo. Claro que es un momento maravilloso: sólo tienes que mirar a estas increíbles personas arriesgando su comodidad y seguridad porque quieren crear un mundo mejor. Me enamoré de cada persona en esa multitud y me parece que ellos pudieron percibirlo.

Unos veinte minutos después de empezar nuestra Asamblea General, nos enteramos de que el alcalde Bloomberg y Brookfield Properties (la administradora del parque) habían desistido del desalojo. La policía se marchó rápidamente mientras los manifestantes celebraban. La alegría que sentimos fue abrumadora.

Como probablemente ya sabes, fue una victoria temporal. Apenas un mes después, la policía despejó el parque en medio de la noche sin ninguna advertencia. Sin embargo, las cosas no necesitan ser permanentes para ser preciadas. Dentro de una larga cronología, cada victoria es temporal, por lo que debemos aprender a apreciar estos momentos.

LA PARTE DETESTABLE DE LA VIDA

*«No todo lo que se enfrenta se puede cambiar, pero
nada puede cambiar hasta que se lo enfrente».*

—JAMES BALDWIN

Si queremos resolver cualquier problema de manera efectiva, entonces debemos ser, al menos, capaces de enfrentar este problema sin sentirnos abrumados. Pero ¿cómo lo hacemos? Cuando somos testigos de sufrimiento en nuestras vidas o en el mundo, es fácil sentirnos enojados, moralistas o indefensos. Aún así, es posible desarrollar y aumentar nuestra capacidad para enfrentarnos a realidades dolorosas con objetividad, compasión y humanidad. Tú ya tienes todo lo que necesitas para lograrlo. Sólo tienes que empezar a entrenarte.

Una de las habilidades más importantes para seguir siendo humano es «volver a casa». Volver a casa conlleva aprender a volver a la realidad del momento presente en lugar de perdernos dentro de nuestras preocupaciones y fantasías. Algunas de las cosas que transcurren en el presente son hermosas, y durante el capítulo anterior nos entrenamos para no olvidarnos de esa parte de nuestra vida. Sin embargo, algunas de las cosas que ocurren en el presente son jodidamente terribles. En este capítulo aprenderemos a enfrentarnos a esta parte de la vida sin envenenarnos a causa de ello.

CUANDO *DUKKHA* SE MANIFIESTA

Después de que Buda haya logrado la iluminación, estuvo vagando solo durante algunas semanas. Luego fue a buscar a sus amigos en el bosque para explicarles lo que acababa de descifrar. Su primera enseñanza fueron las Cuatro Nobles Verdades, y muchas personas creen que fue la última que impartió antes de fallecer. Hay muchas traducciones de las Cuatro Nobles Verdades, pero mi favorita es la de Thich Nhat Hanh. Estas son sus traducciones (con sus respectivas traducciones literales entre paréntesis):

Todos sufren en algún momento (La Noble Verdad del sufrimiento).

El sufrimiento tiene causas (La Noble Verdad de causalidad).

El bienestar es posible (La Noble Verdad de la cesación).

El bienestar también tiene causas (La Noble Verdad del camino).

Dukkha es una palabra del idioma índico Pali que suele ser traducida como «sufrimiento», y la mayoría de la gente cree que proviene de un término que describe la rueda defectuosa de una camioneta. Si la rueda encaja perfectamente en el eje de la camioneta, el término es *sukha*. Si la rueda no se ajusta, se le llama *dukkha*. Así que Buda no utilizó una palabra cuyo significado fuera «dolor intenso» para describir la experiencia universal de sufrimiento, usó una palabra equivalente a «un viaje turbulento».

¿Por qué *dukkha* forma parte de la primera enseñanza de Buda? ¿Para qué enfatizar el «todo el mundo sufre»? Creo que una de las razones es que generalmente no tenemos idea de lo que estamos sintiendo en un momento determinado. Y esto es aún más cierto cuando lidiamos con las situaciones de mierda en la vida.

Por ejemplo: yo sigo a muchos activistas políticos en Twitter. Cada vez que veo una publicación sobre una persona inocente que es violentada por la policía, lo primero que me viene a la cabeza es: «Eso está tan jodido». Siento cómo la rabia se apodera de mí al pensar en todas las personas que permiten que estas cosas sucedan y pienso en maneras para prevenirlas. Pero cuando estoy inmiscuido en la indignación, no me doy cuenta de que estoy sufriendo. Al ignorar mi dolor, éste me controla y devora toda mi humanidad. Muchísimos de nosotros estamos sufriendo, y éste domina nuestras vidas porque no nos percatamos de su existencia. Si ignoramos que estamos sufriendo, no habrá manera de manejarlo hábilmente.

Esta tendencia se manifiesta a menudo en conflictos interpersonales. Cuando estás debatiendo sobre la política con tu tía, es probable que estés pensando en por qué está equivocada. Es probable que no estés consciente de la frustración y la alienación de la que padeces. Es muy poco probable que lleguen a un entendimiento mutuo dentro de ese estado mental.

Si no queremos que el sufrimiento nos acapare, debemos empezar a reconocer su presencia en nosotros. Sólo si somos conscientes de que estamos sufriendo podremos responder eficazmente. Así que debemos entrenarnos a prestar atención a las sensaciones físicas de nuestro cuerpo, en cada momento.

La mayoría de nosotros no nos damos cuenta si estamos enojados, tristes o asustados hasta que estas emociones llegan a una intensidad de un 8 de 10. Para ese entonces, nuestro sufrimiento ya se ha acaparado de nosotros. A veces ni siquiera podemos ponerle nombre a lo que sentimos hasta que ya hayamos causado bastante daño significativo. Miramos a las cenizas ardientes a nuestro alrededor y decimos: «Guau, debí estar bastante enojado». Sin embargo, somos capaces de aprender a detectar nuestro sufrimiento cuando aún es menor. Si tu miedo es un 3 de 10, es mucho más fácil responder eficazmente.

LA ACEPTACIÓN RADICAL

Hay veces que puedes decirte a ti mismo: «No te frustres», y esta emoción simplemente desaparece. No obstante, la mayoría de las veces no es tan fácil. Si notas que el sufrimiento surge y que no consigues tranquilizarte, «volver a casa» puede ser increíblemente útil para practicar la aceptación radical de lo que estás sintiendo.

Para estar conscientes y presentes con nuestro sufrimiento, la aceptación radical tiene un significado muy específico. No significa que debes aceptar la injusticia social, la violencia o cualquier problema externo que esté provocándolo. Podrías terminar sintiéndote diferente en cuanto al problema como efecto secundario de esta práctica, pero ahí no es donde debes empezar. Tampoco significa que debes aceptar ciegamente cualquier historia que te cuentes a ti mismo sobre el problema, porque éstas suelen ser erróneas. Comenzaremos, en cambio, la práctica de la aceptación radical enfocándonos en las sensaciones corporales porque «me duele el pecho y mi rostro está tenso» es algo que puedes saber con seguridad mientras que «ese tipo es un imbécil» es sólo una opinión.

Cuando notes que estás sufriendo, préstales atención a las sensaciones corporales. Éstas son tu pilar para evitar que caigas preso del torbellino de emociones. Cuando sufres, tus pensamientos avanzarán rápidamente y necesitarás una buena cantidad de entrenamiento para poder vigilarlos sin dejarte llevar. En cambio, será mucho más fácil «volver a casa».

Thich Nhat Hanh cuenta la historia de cuando salió a caminar un verano en Francia. Se alojaba en su ermita en Plum Village, el monasterio que fundó cerca de Burdeos tras haber sido exiliado de Vietnam. Era un día hermoso y cálido y había dejado todas las ventanas abiertas. Después de practicar un poco de caligrafía, decidió pasearse por las colinas. Deambuló por el bosque y por los campos de girasoles hasta que empezó una monstruosa tormenta eléctrica sin previo aviso. Cuando regresó a su ermita, su escritorio estaba empapado y el viento había esparcido toda la tinta y los papeles por el suelo. Al ver que su habitación estaba destrozada, lo primero que hizo fue cerrar las ventanas. Con las ventanas cerradas pudo limpiar su espacio.

Si «volvemos a casa», es decir, si nos centramos en nuestra mente y cuerpo y descubrimos que todo está destruido, lo primero que debemos hacer es cerrar las ventanas de nuestros sentidos. No observes tu alrededor ni prestes atención a los sonidos para que puedas centrarte en lo que ocurre dentro de ti. Después podemos empezar a practicar la recogida, aquella sobre cuidar de nuestro sufrimiento.

Muchos de nosotros tratamos nuestros sentimientos como mi amigo Bruce trataba su dormitorio universitario. En medio del primer semestre, su habitación estaba tan asquerosa que él evitaba entrar siempre que podía. Con el tiempo empezó a dormir en el sofá de la sala común. Cuando optas por distraerte y mantenerte ocupado y evitas estar solo con tus sentimientos, terminas como Bruce: incapaz de sentirte en casa contigo mismo.

Cuando empecé a «volver a casa» y prestar atención a mi mente y cuerpo, me encontré ante algo parecido a una bomba estallando en una fábrica de mierda. Era un desastre. Había estado evitando mis emociones a lo largo de mi vida y empezar a prestarles atención no fue una experiencia agradable. Pero me siento tan agradecido de haber persistido. Ahora sé lo que se siente estar cómodo consigo mismo, y soy capaz de seguir siendo humano mientras manejo unas situaciones bastantes difíciles. Realmente creo que casi todo lo bonito de mi vida nace a raíz de esta práctica: gracias a mi compromiso de «volver a casa», sobre todo cuando me siento terrible, y me acepto totalmente.

A continuación, describiré cómo funciona esta práctica en pocas palabras y luego responderé posibles preguntas.

PRÁCTICA

1. Date cuenta de que el sufrimiento existe en ti.
2. Centra tu atención en las sensaciones físicas de tu cuerpo. Nombra lo que percibes, como la tensión en el rostro, el abdomen relajado, dolor de pecho, agitación por todo el cuerpo y demás.
3. Permite que esas sensaciones hagan lo que quieran hacer. Pueden fortalecerse, cambiar o quedarse igual. Tu único trabajo es sentirlas: prestarles atención y aceptarlas radicalmente.

Cuando empieces esta práctica podrían suceder una serie de cosas. Le prestas atención a las sensaciones de tu cuerpo y las sientes sin intentar alterarlas en absoluto. Cualquier rastro de sufrimiento empieza a desvanecerse. Si es así, estupendo. Pero podría permanecer igual o fortalecerse. Cuando esto suceda, intenta recordar que esta práctica no se trata de hacer desaparecer nuestro sufrimiento. Estamos, en cambio, aprendiendo a tolerar y a aceptar cualquier sentimiento que nos surja, sin importar que sean agradables, desagradables o neutrales.

¿Qué se supone que debe ocurrir? ¿En qué me ayudaría todo esto?

La respuesta más sencilla es que odiar y resistir nuestro sufrimiento lo empeoraría inevitablemente. Nos empieza a aterrar nuestro miedo, detestamos nuestro odio, o nos deprimimos de lo deprimidos que estamos. Si ya estoy sufriendo a causa de otras mierdas de mi vida o del mundo, es obvio que la cosa no mejoraría, si encima me odio.

Esta práctica consiste en aprender una manera diferente de responder a nuestro sufrimiento, una que realmente pueda ayudarnos. A través de la aceptación radical de nuestras sensaciones corporales. Trata sobre desarrollar una manera muy específica de prestarle atención a nuestro sufrimiento con el fin de realmente transformarlo.

La mejor analogía que conozco para explicar la consciencia que se necesita para transformar el sufrimiento es cómo sostenemos a un bebé que llora. Y no me refiero a la manera en que los sostenemos a las tres de la mañana cuando estamos exhaustos y privados de sueño. Me refiero a cómo sostenemos a un bebé hasta llegar a reconfortarlo. Por otro lado, si sostienes a un bebé que llora y dices: «No puedo manejar esto. Cállate, por favor», es muy posible que el bebé no se relaje tras la experiencia.

Entonces sostienes al bebé con aceptación radical y dices: «Está bien que sientas lo que sientes. Está bien que llores o que dejes de llorar. Te acepto completamente de cualquier manera». Esta ecuanimidad te ayudará a ser receptivo a lo que pueda suceder. Al mismo tiempo, querrás ayudar de cualquier manera que puedas. He aquí el cuidado, la compasión y la calidez. Las palabras para expresar todo ello podrían ser: «Estoy aquí para ti. Quiero ayudar si puedo hacerlo».

Cuando pensamos en nuestras relaciones con otros adultos, podría parecer inverosímil recibir ambas cosas, aceptación y compasión. Creemos que aceptar a alguien significa que no queremos que cambie, y que ayudar a alguien a sentirse mejor significa que no aceptamos su dolor. Y, sinceramente, eso es una mierda. La manera en que sostenemos a un bebé que llora es el arquetipo de la compasión con ecuanimidad. Es el tipo de presencia que transforma el sufrimiento, y la presencia que estamos aprendiendo a desarrollar en esta práctica.

El gran neurocientífico Jaak Panksepp descubrió que cada mamífero tiene una estructura anatómica bien definida que gobierna las expresiones del cuidado en su cerebro. Lo llamó el *Care Circuit* (Circuito del Cuidado), y cuando éste está activo libera oxitocina y opiáceos naturales para darnos una sensación cálida y reconfortante. De hecho, si pudiéramos visualizar tu cerebro detalladamente cuando sientes ternura y amor, veríamos que tu Circuito de Cuidado está activo. Panksepp demostró que la activación del Circuito de Cuidado en cualquier mamífero (ya sea de forma natural o mediante microelectrodos) reduce radicalmente la angustia. En otras palabras: si aprendemos cómo practicar la aceptación amorosa y radical hacia nuestro sufrimiento, podríamos aprovecharnos de una de las estructuras principales del cerebro que regula la angustia.

Lo siento, pero aún no tengo claro qué es la práctica de «compasión con ecuanimidad». ¿Puedes explicarnos un poco más?

Por supuesto. Si cada vez que escuchas que algo malo sucede, y la preocupación te supera, si te duele tanto que sientes que no puedes mantenerte en pie, podríamos llamar a eso «compasión sin ecuanimidad». Por otro lado, si escuchas la misma noticia y piensas: «Cosas como esas suceden miles de veces al día», y no te sientes particularmente motivado para ayudar de ninguna manera, eso podría llamarse «ecuanimidad sin compasión».

Lo que intento decir es que es posible desarrollar la «compasión con ecuanimidad». Podemos entrenarnos en la capacidad de preocuparnos profundamente sin ser perjudicados al hacerlo. En mi experiencia, la mejor manera de desarrollar esta habilidad es practicarla en relación con nuestro propio sufrimiento. Debemos aprender cómo mantener nuestro sufrimiento, miedo, pena o ira, como si sostuviéramos a un bebé llorando. Una vez que podamos relacionarnos con nuestro propio dolor de esta manera, todo lo demás se volverá más fácil. Seremos capaces de preocuparnos profundamente por el dolor de otras personas sin que sintamos que esto nos debilita. Esta habilidad nos permitirá ser mucho más útiles en el mundo.

¿Qué pasa si el sentimiento es demasiado intenso? ¿Qué pasa si es traumático?

Todos tenemos una capacidad limitada para estar presentes con el sufrimiento, por ello si el sufrimiento es demasiado grande, nos sentiremos abrumados. Si el dolor que sientes es demasiado intenso para que puedas enfrentarlo con compasión, debes tener cuidado porque es posible que esto empeore las cosas.

Sacar el dolor y sostenerlo con compasión conduce a la transformación. En cambio, expresar dolor sin compasión es como masticar por segunda vez un alimento que ya ha pasado por el estómago, y esto hará que el dolor crezca. Es importante conocer tus limitaciones y buscar ayuda. Para un principiante, nunca es buena idea practicar con un trauma significativo por su cuenta, sin embargo, puedo decir por experiencia personal que es posible practicar con todo tipo de traumas una vez que tengas suficiente capacitación y orientación.

Es normal si los sentimientos que surgen con esta práctica son realmente desagradables. Es posible que tengas mucha más capacidad de la que te imaginas para aceptar tu dolor en estos momentos. La forma de saber si tu sufrimiento es demasiado intenso para practicar con él se reduce a si eres capaz de retener lo que sientes con una presencia amorosa, o si únicamente te sientes torturado por tus sentimientos.

Este es un tema muy importante, por lo que puedes saltar al capítulo 8, «Sanando el dolor del pasado», para obtener una guía más detallada.

¿Qué pasa si no puedo concentrarme?

Intenta «volver a casa» con tu cuerpo y presta atención a todas las sensaciones que encuentres allí, déjate llevar por tus pensamientos, recuerdos y voces internas, es totalmente normal que esto suceda. A continuación encontrarás algunos tipos de pensamientos que pueden surgir durante esta práctica, y algunas instrucciones sobre cómo lidiar con ellos:

- Estás intentando aceptar un sentimiento desagradable y de pronto aparece este pensamiento: «Odio este sentimiento. No quiero aceptarlo».

- ○ Identifica estos pensamientos como de «resistencia», porque están ejerciendo resistencia a tu práctica. Di lo siguiente: «Esto es resistencia», y observa si los pensamientos se desvanecen por sí solos.
- ○ Si no es así, conviértelo en objeto de tu compasión y aceptación. Empatiza con tu voz interior. Intenta decir algo como: «Por supuesto que odias este sentimiento, es totalmente natural». Entonces analiza si puedes permitir que tanto la sensación como la voz que odia esta sensación estén presentes en ti al mismo tiempo. Ambas están ahí, así que déjalas estar, no tienes que escoger entre una u otra. Finalmente, pronuncia las siguientes palabras: «Me permito sentir la tensión en mí, y permito que la voz que odia esta tensión diga lo que quiera. Estoy abierto a ambas».
- Estás intentando practicar y piensas: «Esta práctica no me está ayudando. No sirvo para esto».
  - ○ Identifica estos pensamientos como «dudosos», porque dudan de la efectividad de tu práctica. Di lo siguiente: «Esto es duda», y observa si los pensamientos se desvanecen por sí solos.
  - ○ Si no es así, trata de empatizar con esta voz también, pero haz todo lo posible por mantenerte escéptico. Intenta decir: «Hay una parte de mí que cree que la práctica no está funcionando. Eso podría ser o no ser

cierto. Está perfectamente bien sentirse así». Permite que esa voz diga lo que quiera decir y vuelve a percibir las sensaciones de tu cuerpo. A veces la duda nos dice que debemos cambiar algo sobre cómo estamos realizando la práctica, por lo que es útil seguir sus consejos. Sin embargo, a menudo son solo nuestras inseguridades, y lo que necesitamos es integrar un poco de amor.

- Estás tratando de practicar y piensas: «Necesito comprar jabón para lavar los platos».

  ∘ Identifica estos pensamientos como de «planificación». Di lo siguiente: «Esto es planificación», y observa si los pensamientos se desvanecen por sí solos.

  ∘ Si no es así, esto podría ser tu mente asegurándose de no olvidar algo importante, pero también podría ser un intento de evitar sentimientos incómodos. Si te preocupa olvidar algo, puedes detener la práctica y anotarlo en tu lista de «pendientes». De lo contrario, trata de persistir en «volver a casa» con las sensaciones de tu cuerpo, incluso si son desagradables.

- Te dejas llevar por una historia como «Sé que me van a despedir» o «Desearía que ella/él me quisiera».

  ∘ Identifica estos pensamientos como de «historia», porque son predicciones sobre el futuro o las formas en que desearíamos que el mundo fuera diferente. Di lo siguiente: «Esto es una historia», y observa si los pensamientos se desvanecen por sí solos.

○ Si no es así, empatiza con esta voz también, pero no estés de acuerdo con sus historias. Intenta decir: «Hay una parte de mí que tiene miedo de algo que podría ser o no ser real. No necesito decidir si es real en este momento. Solo puedo aceptar lo que surja en mí». Todos tenemos pensamientos como este a veces, pero la libertad y la tranquilidad de nuestra mente no proviene de erradicarlos, provienen de aprender a escucharlos con aceptación radical y no dejarse llevar por ellos.

¿Por qué no puedo concentrarme en las emociones que la práctica requiere? ¿Qué importancia tiene el cuerpo?

Insisto en que debemos centrarnos en las sensaciones del cuerpo y en las reacciones de este. Todos los ejemplos que he dado son sensaciones físicas: tensión, agitación, pesadez, etc. Quizás te preguntes por qué no nos centramos en el miedo o incluso en el sufrimiento.

Los términos que llamamos emociones (miedo, sorpresa, pena, etc.) se caracterizan de manera un poco diferente en la psicología budista. La forma más sencilla de explicar esta perspectiva es decir que una emoción como la ira está hecha de dos cosas: sensaciones corporales y una tendencia a pensar de cierta manera. Si me siento enojado, mis sensaciones corporales pueden ser opresión o calor en el pecho y notar como mis manos apretadas forman dos puños. Al mismo tiempo tengo una tendencia a tener pensamientos de enojo. Si tomas esta emoción llamada enojo, y restas las sensaciones corporales y la tendencia a tener pensamientos de enojo, no quedará nada. La emoción está hecha completamente de ambos elementos.

Por lo tanto, cuando eliges concentrarte en el «miedo» en lugar de la «tensión», en realidad estás tratando de concentrarte al mismo tiempo en las sensaciones corporales y en los pensamientos. Esto es más difícil que solo enfocarse en el cuerpo. Cuando surjan pensamientos (porque siempre lo harán), dales la bienvenida y regresa a tu cuerpo.

Hablar de emociones, nombrarlas y reflexionar en torno a estos términos es muy útil. Sin embargo, creo que este tipo de práctica funciona mejor cuando nos enfocamos en las sensaciones físicas.

Esta práctica me resulta muy difícil. ¿Cómo puedo mejorar?

¿Cómo podemos mejorar en algo? Primero lo aprendemos y luego intentamos realizarlo. Una vez que lo entendemos, practicamos.

Primero, esta técnica debe tener sentido para ti intelectualmente. Si estás sólo siguiendo las instrucciones a ciegas, es muy probable que pierdas lo esencial de este ejercicio. Lee cuantas veces sea necesario las instrucciones hasta que sientas que tienen sentido. Ahora bien, ¿puedes explicar la utilidad de esta práctica?

Posteriormente, cuando realices la práctica por primera vez, no te presiones demasiado. En cambio, experimenta con diferentes formas de interpretar las instrucciones hasta que encuentres una que te parezca suficientemente poderosa para iniciar la práctica. Este será un ejercicio en el que aprenderás acerca de tu mente, por lo que siempre habrá sorpresas. Incluso si has estado practicando durante años, debes permanecer abierto a la posibilidad de que haya algo importante que aún no comprendes. Esta apertura nos ayudará a mantenernos en contacto con nuestra experiencia real en lugar de nuestras expectativas.

Finalmente, si deseas poder responder con compasión en tu vida cuando las cosas van mal, tienes dos opciones. Una es esperar a que esos momentos difíciles se presenten y tener la intención de actuar de manera diferente. En este caso, no piensas en tu práctica hasta que realmente la necesites. Si eliges este camino, probablemente notarás algunos cambios en un periodo de cinco a diez años. La otra opción es utilizar prácticas como esta para entrenarte antes de que realmente las necesites. De esa manera, podrás ver un cambio real en semanas (a veces en días).

El neurocientífico Richard Davidson descubrió que practicar treinta minutos al día el entrenamiento de compasión, durante dos semanas, es suficiente para causar cambios tangibles en tu comportamiento y fisiología cerebral. Si no puedes encontrar treinta minutos al día, probablemente puedas encontrar cinco (ya sea de corrido o distribuidos durante todo el día). Y en realidad, si decides que esto es realmente importante para ti, al fin y al cabo, podrías encontrar los treinta minutos necesarios.

El mejor entrenamiento para poder responder de manera diferente ante los momentos de sufrimiento es ir a un lugar tranquilo y pensar en algo que te cause dolor. No debería ser demasiado intenso, pero debes sentirlo en tu cuerpo. Luego practica sosteniendo tu dolor con amor y aceptación. Aquí es donde las ruedas encuentran el camino. Mientras más tiempo y energía inviertas en este tipo de entrenamiento, más pronto comenzarás a ver el impacto que tiene en ti. Con el tiempo, encontrarás un poco más de claridad y amabilidad en una situación que hubiese sido incómoda en el pasado. Con el tiempo, una sensación dolorosa puede convertirse en una campana pavloviana que te recuerde volver a casa contigo mismo.

¿Se supone que debo hacer algo con mi respiración?

No te preocupes por eso. Si disfrutas concentrándote en tu respiración, que es una sensación física, puedes hacerla parte de esta práctica. Pero también puedes hacerlo sin concentrarte en tu respiración. De cualquier manera, no hay problema.

¿Qué debo hacer si esto no me está ayudando?

Intenta ver esta práctica como un entrenamiento que te brindará la capacidad de tolerar sentimientos angustiantes. No se trata de hacer que estos sentimientos desaparezcan. Imagina que tienes una amiga que está pasando por algo realmente difícil en su vida. Ella te pide que la escuches y te dice que no necesita consejos, solo sentir que a alguien le importa su situación. ¿Cómo la escucharías?

Imagina que la escuchas, pero todo el tiempo piensas: «Está bien, escucharé para que te calles». Eso no sería satisfactorio para ninguno de los dos. Sin embargo, si puedes escuchar con la actitud de «Quiero saber por lo que estás pasando, me preocupo por tu bienestar y confío en tu capacidad para manejar esto», te sentirás muy diferente, y esa es la forma en que estamos aprendiendo a escuchar nuestro propio sufrimiento, con apertura, cuidado genuino y fe en nosotros mismos.

A veces puede parecer que esta práctica no te está ayudando porque realmente no estás aceptando el sufrimiento en ti. Lo percibes e intentas aceptarlo, pero no es auténtico. Si hay una parte de ti que odia tu sufrimiento, no finjas que no está allí. Reconócelo y practica la aceptación de esa parte también.

Finalmente, haz el intento de encontrar una forma de practicar que te haga sentir bien. El dolor con el que estamos conectando es obviamente desagradable. Pero cuando logramos sostenerlo con amor y aceptación, debe haber al menos un poco de dulzura en la experiencia. Si no la hay, toma un descanso y concéntrate en todo lo bueno que hay en tu vida.

¿Qué sucede si padezco algún dolor crónico o una afección de salud que hace más difícil la práctica?

Se han recopilado datos por casi cuarenta años que demuestran el efecto del *mindfulness* en el dolor crónico. Por ejemplo, sabemos que ocho semanas de entrenamiento pueden conducir a una disminución del 40 al 60% la experiencia subjetiva de dolor en las víctimas de quemaduras graves. La práctica funciona.

Deja que las sensaciones de dolor fluyan en tu cuerpo y comprueba si puedes hacerlo sin llegar a odiarlo. Incluso podrías intentar identificar este sentimiento como «sensación» en lugar de «dolor». Si hay una parte en ti comprometida a odiar esta sensación, entonces dale la bienvenida a esa parte también. Analiza si puedes sentir ambas partes sin tener que elegir una. «Siento dolor en la rodilla y al mismo tiempo percibo la voz en mí que odia el dolor. Permito que ambos se queden o se vayan. Estoy aquí por los dos. Veo que ambos están sufriendo y los amo».

Queremos ser capaces de enfrentar lo que está jodido en el mundo y conservar nuestra humanidad. El problema es que duele prestar atención y preocuparse. Esta práctica nos ayudará en el entrenamiento de aceptar y transformar nuestro dolor, lo que nos permitirá permanecer presentes incluso cuando las cosas están mal.

Si hay algún límite en la cantidad de beneficios que puede ofrecer esta práctica, no creo que nadie lo haya alcanzado. Esta práctica puede hacer que un desastre completo de persona como yo se convierta en una íntegra y prudente. Cuanta más energía invertimos en reconocer y transformar nuestro sufrimiento, más ligereza y conexión encontramos. Personalmente, descubrí que un poco de dedicación conduce a un poco de libertad, y mucha dedicación puede cambiar radicalmente tu vida.

CAPÍTULO 4

CONÓCETE A TI MISMO

«¡Santa la sobrenatural extra brillante
inteligente bondad del alma!».

—ALLEN GINSBERG

Q uiero proponer una hipótesis que podamos evaluar juntos.

Todo en ti es tan increíblemente hermoso
que si lo vieras por un instante, colapsarías
sobre tu cara y te echarías a llorar sin control.

Esta es solo una hipótesis, por lo que debemos inspeccionarla a la luz de todos los datos disponibles. Pero primero, una historia:

Víctor había salido de prisión hacía aproximadamente un mes cuando nos conocimos. Tenía casi setenta años y había estado encerrado durante cuarenta y ocho de estos. Sus ojos oscuros miraban fijamente hacia el suelo cuando me dijo que no veía una razón para seguir viviendo.

Cuando dijo esto sentí una urgencia inmediata y reflexiva de convencerlo de que no se rindiera. Es difícil escuchar a alguien que realmente es capaz de suicidarse, porque requiere enfrentarte cara a cara con su dolor. Así que, en lugar de escucharlo y tratar de entenderlo, mi primer impulso fue discutir, decirle que estaba equivocado al sentir lo que sentía y que debería ver la vida de manera diferente. Nuestro deseo humano de evitar el sufrimiento a toda costa es jodidamente poderoso, y en ese momento, el mío estaba tratando de alejarme de un auténtico encuentro con alguien con mucho dolor. Sin embargo, gracias a mis maestros y mi entrenamiento pude sentir ese impulso y no ponerlo en acción.

En cambio, le dije que quería entenderlo, y fue entonces cuando él me miró con un poco de esperanza. Él dijo: «He desperdiciado toda mi vida y estoy listo para terminarla. Todo lo que hice fue lastimar a otros. He lastimado a mucha gente y me odio por eso. Simplemente ya no quiero seguir sintiendo esto».

No tenía idea de qué decir o hacer, así que traté de ponerme en sus zapatos. Quería fraternizar desde nuestra humanidad y conectarme con él desde allí. Sé lo que se siente al estar lleno de arrepentimiento, desesperado y necesitar un escape. Es un sentimiento terrible, como si mis órganos vitales estuvieran tratando de huir de mi cuerpo, y lo último que quisiera hacer en el mundo es sentir lo que siento.

Sin embargo, gracias al absurdo de la vida, aprendí que sentir lo que siento es exactamente lo que necesito hacer. De hecho, cada vez que queremos escapar de un sentimiento es una señal de que debemos girar 180 grados y acercarnos a lo que queremos evitar desesperadamente.

Le dije: «Estamos hablando, lo cual me hace pensar que tal vez no quieres odiarte a ti mismo, pero tampoco eres capaz de imaginar la posibilidad de no hacerlo». Entonces me miró directamente a la cara y asintió con la cabeza mientras sus ojos se llenaban de lágrimas.

Me dijo: «Hice algunas cosas realmente jodidas». Pensé: «Yo también», y creo que él podía verlo en mi cara porque mostró una leve sonrisa. Le pregunté qué edad tenía cuando comenzó a meterse en problemas, y me dijo que comenzó a salir con los traficantes de drogas y los matones en su vecindario cuando tenía catorce años. «Antes de eso, era un buen niño. Nunca causaba problemas».

Así que imaginé a este chico de catorce años que siempre se había portado bien y me pregunté qué lo llevó a involucrarse con esa multitud. Le dije: «¿Puedes imaginarte a ti mismo como un niño de catorce años? ¿Justo cuando comenzaste a juntarte con esas personas?». Cerró los ojos y asintió de nuevo. Le pregunté qué le diría a ese chico si pudiera.

«Crees que esto es divertido y quieres ser un hombre. Eso es bueno. Tienes sueños, pero no puedes ver a dónde te llevará este camino. ¡Estás tratando de ser grande, pero al final estarás encerrado en una jaula toda tu vida! ¡Lo sé! No lo hagas, tienes que pensar a dónde realmente te llevará esto. No es lo que piensas. ¡Mira mi vida! [Había empezado a llorar]. Necesitas a alguien que pueda mostrarte cómo ser grande. Estas personas no son tus amigos y terminarán muertos o en algo peor. ¡Necesitas un adulto que sepa guiar tu vida!».

Cuando terminó pasamos un par de minutos en silencio. Al final dijo: «Eso se siente bien, pero es demasiado tarde. Las cosas no sucedieron así». Me sorprendió lo apasionado y persuasivo que había sido. Fue realmente poderoso.

Le pregunté: «¿Cuántos chicos de catorce años hay en tu vecindario a punto de cometer los mismos errores que tú?». Él entendió inmediatamente y su expresión fue del dolor extremo a una de enfoque y propósito.

Dijo: «Eso es. Yo sé algo que ellos no saben. No quieren lastimar a nadie. Son solo unos niños tontos que desean sentirse grandes, pero no saben cómo. Eso es». Se mantuvo en silencio por un minuto y luego continuó: «No podía oír lo que mi dolor me estaba diciendo y estaba a punto de matarme. Trataba de descubrir el motivo para seguir vivo, pero no podía verlo. Ahora lo sé».

LO PEOR DE TI ES INCREÍBLE

Ahora creo que estamos listos para examinar nuestra hipótesis: que tus pensamientos, sentimientos y acciones son devastadores y hermosos cuando los vemos claramente. Pero ¿cómo podríamos comprobarlo? ¿Qué pasaría si pudiera guiarte a través de un proceso de examinación en el que incluso lo peor que has hecho se vea completamente amable? Si pudiéramos hacer esto, sería al menos una evidencia para apoyar nuestra teoría.

Hagamos el intento. Piensa en una de las cosas más jodidas que has hecho en tu vida. Algo de lo que te arrepientas. Piensa en algo que hayas hecho y que desearías no haber hecho, o en algo que nunca hiciste y que desearías haber hecho. Piensa en el dolor que has causado a ti mismo y a otros.

Una vez que encuentres algo, buscaremos la razón. En lugar de evitar reconocer esa parte incómoda sobre ti, vamos a profundizar. ¿Qué estabas esperando? ¿Estabas tratando de evitar algo malo? ¿Creíste que estabas en peligro física o emocionalmente? ¿Estabas tratando de lograr algo? ¿Pensaste que te sentirías bien o que conseguirías algo importante? En el momento en que tomaste esta decisión, ¿cuál era el mejor resultado en tu mente?

Hay una manera de entender cualquier elección destructiva que hayamos tomado, para que nuestra memoria se transforme de la vergüenza en algo que nos haga más fuertes. Si puedes ver tu elección con suficiente claridad, ya sea que hayas cometido un error o lastimado a alguien, esto te hará más compasivo contigo mismo y con los demás, y sin duda te hará una mejor persona.

LA CIENCIA Y LA NATURALEZA HUMANA

Esta perspectiva renovadora proviene de una teoría sobre la naturaleza humana basada en los más recientes datos científicos. Su procedimiento se centra en dos preguntas principales: (1) ¿Qué nos motiva? y (2) ¿Cómo convertimos esas motivaciones en acciones?

Comencemos con la primera parte. Creo que cada pensamiento, sentimiento y acción está motivado por el deseo de evitar el sufrimiento y satisfacer nuestras necesidades. De hecho, los psicólogos evolucionistas dirían que es difícil concebir cualquier otra motivación desde un punto de vista científico.

Si intentamos pensar que la evolución está motivada por algo más que evitar el peligro y prosperar, entonces ésta deja de tener sentido. Cuando una polilla vuela hacia una vela, no pensamos: «Esa polilla se odia a sí misma». Pensamos: «Tal vez usa la luz para navegar y se confunde con las luces artificiales». Suponemos que su motivación es tener una vida útil. Motivación que se confunde. Por cierto, los entomólogos no saben por qué las polillas hacen esto, sin embargo, les damos el beneficio de la duda. ¿Por qué no podemos usar la misma lógica cuando tratamos de entender nuestro propio comportamiento? ¿Somos mucho peores que las polillas?

Creo que, si supiéramos cómo satisfacer nuestras propias necesidades y hacer felices a las otras personas en nuestras vidas, elegiríamos siempre hacerlo. Entonces llegamos a la conclusión de que si la polilla supiera aparearse, comer y no morir, lo haría. El problema es que, como dijo Víctor, somos tontos. Y este tipo de tontería parece ser una consecuencia fundamental de cómo están diseñados nuestros cerebros.

Durante mucho tiempo, la única forma en que los científicos pudieron estudiar cómo funciona el cerebro fue observando diferentes tipos de lesiones en la cabeza, y cómo éstas afectaban a las personas y los animales. Obviamente se aprendió mucho con este método. Posteriormente cuando inventaron la tecnología de las imágenes cerebrales, pudimos ver qué circuitos se iluminaban en diferentes circunstancias.

Sin embargo, este método también es limitado. Si pudieras escanear tu computadora portátil y ver las señales eléctricas rebotando, aún no entenderías cómo funciona.

En tiempos recientes, se han ampliado los conocimientos en el campo de la inteligencia artificial demostrando cómo las máquinas son capaces de aprender, incluso han llegado a desarrollarse al punto de realizar sus propias contribuciones importantes a lo que sabemos sobre el cerebro. Los neurocientíficos computacionales crearon modelos informáticos a partir de las teorías sobre el cerebro, y al probarlas observaron cómo estas teorías se comportaban como cerebros reales.

Una de las ideas más frecuentes en la neurociencia computacional es que la función principal del cerebro es crear modelos de cómo funciona el mundo. Todos los seres vivos deben ser capaces de percibir su entorno y responder de alguna manera, incluso si solo se trata de reconocer el alimento y comer. Por lo tanto, tiene que encontrar patrones en sus datos sensoriales más primitivos y transformar esos patrones en una imagen de lo que realmente está sucediendo (por ejemplo, la rana siente hambre y percibe la presencia de una mosca). Lo más importante es que la rana debe tener un modelo de cómo sus acciones afectan su mundo (por ejemplo, chasquear la lengua en este ángulo preciso atrapará esa mosca). El modelo determina cómo actuará.

¿Cómo esto se refleja en la naturaleza humana? Uno de los aspectos más importantes de esta teoría es la idea de que nuestros modelos del mundo están «necesariamente» hechos de los patrones que nuestro cerebro ha percibido a partir de nuestras experiencias pasadas. En otras palabras, cada nueva experiencia* se interpreta a través del lente de nuestro pasado.

Si combinamos la visión evolutiva básica de que los comportamientos siempre tienen un propósito utilitario para la vida (aunque puedan crear confusión) con la idea de que el cerebro es una máquina creadora de modelos, la imagen que obtendremos sobre la naturaleza humana será la siguiente: los seres humanos siempre quieren tomar decisiones que sirvan en la vida y conduzcan al menor sufrimiento posible; sin embargo, generalmente no sabemos cómo hacerlo. En cambio, hacemos lo mejor que podemos, basándonos en nuestros modelos imperfectos sobre cómo funciona el mundo.

Si puedes encontrar la belleza en esta situación, lo bello en una criatura que realmente desea que todos podamos ser

---

* Es cierto que algunos modelos son heredados, pero los podemos considerar patrones relevantes que fueron registrados por los cerebros de nuestros ancestros.

felices, pero no tiene idea de cómo hacer que eso suceda, entonces la compasión comenzará a surgir en ti naturalmente. Independientemente de lo que sea que hayas hecho y de lo que ahora te arrepientes, ¿puedes ver que estabas tratando de satisfacer alguna necesidad? Imagina que puedes volver a ese momento. Si hubieras conocido la forma de satisfacer todas tus necesidades, para evitar cualquier molestia o lograr cualquier deseo, sin lastimar a nadie, ¿lo habrías hecho? Si la respuesta es sí, intenta decir estas palabras: «Al igual que cualquier otro ser humano, siempre he querido crear menos sufrimiento y más bienestar para todos en mi vida. Al igual que cualquier otro ser humano, no siempre sé cómo hacerlo». ¿Cómo te sentiste al decirlo? ¿Puedes ver ahora la belleza en nuestras imperfecciones?

PONIÉNDOLO EN PRÁCTICA

En un momento difícil esta perspectiva puede ser un salvavidas. Mientras escribo esto mi esposa, Annie, acaba de salir del hospital después de que otro viaje nocturno a la sala de emergencias se convirtiera en una estadía de una semana. Pasé la semana pasada cuidándola en el hospital durante el día mientras lidiaba con un dolor físico insoportable, y luego luché contra el tráfico para volver con mi hijo, alimentarlo y acostarlo todas las noches. Cada día intentaba dar todo lo que podía y aún así fallé en proteger a las personas que más amo de su propio dolor. En resumen, tuve una semana terrible.

En este momento, puedo sentir el trauma en mi cuerpo. Detengo todo lo que intentaba hacer. Dejo de escribir y me doy permiso para dejar ir todo mi aferramiento incesante. Desisto de buscar la felicidad, el bienestar, y un hermoso libro para compartir con ustedes. Vuelvo a casa sintiéndome exactamente cómo se siente una situación como esta. En este momento me siento terrible. Estoy exhausto, todo mi cuerpo se siente tenso, tengo el ceño fruncido y estoy muy retrasado en mi escritura después de una pausa no planificada de una semana. Eso es todo. Este es el momento presente. No necesito que me guste, necesito admitir que esta es la realidad y enfrentarla.

Mi respiración se calma y redirijo mi atención para concentrarme en las sensaciones desagradables de mi cuerpo, la pesadez en mi corazón y el sentimiento de malestar en mi intestino. Con un poco de valor, me permito sentir todo esto a pesar de que no quiero. Me digo a mí mismo: «Lo que sea que sientas en este momento está completamente bien».

La resistencia surge en mí de inmediato, una voz que solo quiere dejar de sentirse mal.

Este es el momento en que invoco la teoría de la naturaleza humana de la que hemos estado hablando. Escucho la voz que quiere huir de mi sufrimiento, la voz que muchos instructores de meditación te dirían que ignores. Dirijo mi atención por completo a esa voz y digo: «Sé que no quieres sufrir, solo quieres tranquilidad y seguridad. Esa es la hermosa naturaleza que compartes con todos los seres vivos. Yo también quiero eso para ti. Estoy aquí para ayudar». Digo estas palabras con convicción. La voz en mí se calma y comienza a confiar. Nuevamente enfoco mi atención en el sufrimiento que se manifiesta en mi cuerpo, invitándolo explícitamente a ser tan fuerte como quiera ser. Hablo directamente a mi tensión, diciendo: «Veo que estás sufriendo, y estoy aquí para ti. Quiero escucharte». Mi respiración continúa haciéndose más lenta y profunda a medida que la tensión comienza a disolverse.

A veces mi mente divaga hasta que el nudo de tensión en mi mandíbula me tira hacia atrás. Regreso a mi práctica sin ninguna vergüenza por estar distraído. En cambio, reconozco que el dolor en mí necesita atención, y me comprometo nuevamente a darle la atención requerida. Me digo a mí mismo: «Desearías poder proteger a las personas que amas de que alguna vez sean lastimadas. Ese impulso en ti es hermoso. No tienes esa habilidad, pero desearías tenerla y eso te hace sufrir. Aun así, veo todo el amor en ti».

Cuando reconozco la belleza de mi dolor, éste se transforma. Me siento más ligero y mi ceño fruncido comienza a desaparecer. Casi puedo sonreír. Mi concentración se agudiza mientras me enfoco en cada respiración y en todos mis sentidos del momento presente. La ansiedad y el dolor que abrazo se vuelven cada vez más sutiles, y mi experiencia de liberación más profunda. Finalmente, mi mandíbula se relaja, mi corazón se siente ligero y una vez más me siento «en casa» conmigo mismo. Al final siento una enorme gratitud por tener todas estas condiciones positivas en mi vida.

CAPÍTULO 5

CÓMO SEGUIR SIENDO HUMANO AUNQUE LA GENTE SEA BASURA

«El amor de un ser humano hacia otro:
esto es quizá lo más difícil que nos haya sido encomendado.
Lo último, la prueba suprema, la tarea final,
ante la cual todas las demás tareas no son sino una preparación».

—RILKE

os seres humanos, en general, son bastante terribles para llevarse bien unos con otros. Ya sea en una relación de pareja donde ambos están enamorados pero no pueden dejar de lastimarse o miles de personas que intentan construir un movimiento social pero no pueden ponerse de acuerdo en nada. Realmente esto no debería ser tan difícil, pero lo es.

Hay muchas razones diferentes para esto, pero varias se remontan a la forma en que nos conectamos para percibir alguna amenaza. Por ejemplo, cuando te sientes seguro y feliz, las personas tienden a verte bastante bien. Sin embargo, cuando estás sufriendo, especialmente cuando tienes miedo, las personas caen en una de estas dos categorías: (1) las que hacen exactamente lo que tú quieres, y (2) los enemigos repugnantes e inútiles.

En otras palabras, cuando mi torrente sanguíneo está

lleno de cortisol y otras hormonas que perciben angustia, es realmente difícil que pueda convencerme de que no eres un imbécil, a menos que estés haciendo todo lo que quiero que hagas. Cuando nos activamos de esta forma, es mucho más difícil resolver un conflicto porque somos casi incapaces de comprometernos. En cambio, como primer paso, puede ayudarnos priorizar el reconocimiento y la transformación de nuestro propio sufrimiento. Después de este proceso encontrar soluciones se vuelve mucho más fácil.

EL PEOR CÍRCULO DE TAMBORES QUE JAMÁS SE HA VISTO

Durante las protestas de Ocupa Wall Street, un círculo de tambores tocaba en un extremo del parque Zuccotti casi veinticuatro horas al día. Odiaba estos tambores y no era el único. Las personas que vivían en el vecindario se quejaban constantemente por el ruido, y las personas que intentaban celebrar reuniones o discusiones en el parque apenas podían escucharse entre sí. Aun así los percusionistas se negaron a detenerse.

Al final, celebramos una sesión de mediación en un café cercano. Había un representante del vecindario, uno de los organizadores de la protesta y otro de los percusionistas. Me pidieron ser uno de los dos mediadores. El representante de los bateristas se llamaba Jim, explicó que muchas de las personas en el círculo de tambores habían estado sin hogar en Nueva York durante mucho tiempo antes de que comenzaran las protestas, y no les gustaba que la gente viniera a su ciudad y les dijera qué hacer.

Cuando una mujer, que representaba a los vecinos, explicó que sus hijos tenían problemas para hacer su tarea debido al ruido, Jim le gritó. Le dijo que ella era solo un «daño colateral», que estaba tratando de oprimirlo y que no habría lugar para ella en la revolución. El representante de los organizadores dijo que debía haber un lugar para ella, ya que ella era parte del 99% de los partidarios. Jim gritó que no le importaba el 99% y que él sólo estaba allí para su propia revolución.

Para mí este intercambio es un microcosmos de lo que está jodido sobre tantos movimientos sociales. A lo lejos, estas personas deberían ser aliados naturales: un hombre sin hogar con un temperamento revolucionario y un grupo de personas que se preocupan profundamente por la desigualdad económica. Sin embargo, a pesar de todo lo que tenían en común, estaban tirándose mierda unos a otros, dejando que la persona emocionalmente menos estable estuviera a la cabeza de las discusiones.

Mientras Jim gritaba, los otros clientes comenzaron a irse del café, y parecía que el gerente se estaba preparando para echarnos. Sentí ganas de gritarle a Jim que se callara, porque había ya muy pocas esperanzas de que la reunión resolviera algo. Estaba enojado con Jim, temeroso de que descarrilara el arduo trabajo de tantas personas, y no pude evitar verlo como mi adversario.

Sin embargo, se suponía que era un mediador. Me pregunté: «¿Realmente puedo hacer esto o debería dejarlo y marcharme?». Frustrado y abrumado tomé distancia de la discusión y me concentré en las sensaciones de mi cuerpo. Reconocí de inmediato una sensación de dolor en la cara y el pecho. Me dije: «Todo lo que deseas es ayudar a las personas a llevarse bien, y ese impulso en ti es hermoso. Realmente quieres que la discusión sea exitosa, y tienes miedo de no poder ayudar a que eso suceda, así que te duele». Me tomé un minuto más para sentir esa pena y soltar mi apego por controlar la reunión. Necesitaba aceptar que no importa cuánto desee un resultado específico, puede que no suceda.

No hay nada derrotista en reconocer que no puedes conciliar con otras personas, es sólo una verdad. Por mucho que anhelara una sesión de mediación exitosa, parecía que no iba a suceder. Había negado este hecho y esa negación estaba alimentando mi ira. Después de aceptar mi sufrimiento pude ver la situación más claramente.

Mientras recibía mis sentimientos de impotencia, comencé a ver a Jim de manera diferente. Su comportamiento fuera de control se había percibido como una amenaza cuando estaba tratando de controlar la reunión. Decidí dejar esta observación de lado y verlo como realmente era: alguien que había sido maltratado durante mucho tiempo. Pude ver el dolor y el miedo en sus ojos y mi corazón se abrió para él.

Miré a Jim con una expresión muy diferente a la que había tenido antes en la reunión y pronuncié su nombre con una voz tranquila. Finalmente dije: «No sé qué piensen los demás, pero me alegra que te preocupes tanto por mejorar el mundo y por ser tratado con respeto. Hagamos lo que hagamos aquí, quiero que nos aseguremos de comenzar por mejorar el mundo y asegurarnos de que Jim y los percusionistas sean respetados por completo». Todos en la reunión asintieron con ansiedad y miraron a Jim. Él sonrió, su rostro parecía el de un niño asustado, pero también asintió. El tono de la reunión cambió y, una semana después, acordamos que los percusionistas tocarían durante dos horas diarias en el parque y luego marcharían por la ciudad durante el resto del día.

TRES ENFOQUES PARA VISUALIZAR LOS CONFLICTOS

Aunque terminamos con una resolución exitosa, una parte de mí todavía odia cuánto tiempo y energía se necesita para resolver conflictos. Es una voz que suena así dentro de mí: «Si las personas no fueran tan estúpidas y malvadas, podríamos centrarnos en mejorar el mundo en lugar de perder tanto tiempo hablando de sus tonterías». Imagino que la mayoría de las personas pueden relacionarse con esa frustración. Sin embargo, por molesto que sea, la resolución de conflictos es increíblemente importante, principalmente porque las alternativas son horribles. Creo que esencialmente hay tres formas de abordar el conflicto: (1) aislamiento, (2) dominación y (3) diálogo.

Nunca habrá una relación libre de conflictos, por eso, cuando los problemas surgen nuestra primera opción es huir. He dejado muchos trabajos, grupos, relaciones, etc., y generalmente me alegro de haberlo hecho. Sin embargo, si es lo único que sabemos hacer en respuesta al conflicto, terminaremos bastante aislados.

La siguiente opción es donde el ganador se lleva todo; existe una persona dominante y otra sometida. A veces los roles se determinan con una pelea, y otras las personas simplemente toman un bando. De cualquier manera, manejar un conflicto como este generalmente significa que las necesidades del ganador importan y las del perdedor no.

La tercera y más desordenada opción es el diálogo, en el que abordamos un conflicto considerando que las necesidades de «todos» son importantes. Es posible que no podamos descubrir cómo satisfacer las necesidades de todos, pero debemos intentarlo. Para mí la característica definitoria del diálogo es que (en el mejor de los casos) todos estén del mismo lado. Siempre estamos tratando de descubrir cómo satisfacer la mayor cantidad de necesidades posible. Sin embargo, no se trata de que yo argumente por mis necesidades y tú por las tuyas, sino de trabajar juntos para encontrar una solución que satisfaga tantas «necesidades colectivas» como sea posible.

Esto puede parecer poco realista, pero no lo es. De hecho, con un poco de entrenamiento, puedes aprender cómo crear este tipo de conexión incluso con personas que son terribles comunicadores. Es difícil y no siempre funciona, sin embargo, aunque la mayoría de la gente crea lo contrario, aún hay muchas áreas que necesitan mejoras.

LOS DOS VENENOS: CRÍTICA Y DEMANDA

Cuando estamos en un conflicto, la mayoría de nosotros dejamos de ver la humanidad en la otra persona. En cambio, el otro se convierte en un obstáculo, un tirano o una cosa que ya no necesitamos. Pero ¿qué pasaría si pudiéramos conservar nuestra humanidad y permanecer conectados en medio de un conflicto? ¿Qué pasaría si pudiéramos ver que la otra persona está tratando de evitar el sufrimiento y satisfacer sus necesidades como nosotros? ¿Qué pasaría si pudiéramos valorar el bienestar de la otra persona sin «disminuir» en absoluto el compromiso con el nuestro? En otras palabras, entenderíamos que las necesidades de ambos son importantes, incluso si no tenemos idea de cómo resolver el problema.

Para mí esta es la esencia del diálogo. No siempre podemos satisfacer las necesidades de todos ni resolver todos los problemas. Sin embargo, podemos abordar los conflictos de una forma en que las necesidades de todos sean importantes. Por lo tanto, el objetivo real en el conflicto es que todas las partes valoren las necesidades de cada persona por igual. Si siento que valoras mis necesidades tanto como las tuyas, entonces puedo tolerar la posibilidad de que mis necesidades no se satisfagan del todo.

Sin embargo, hay dos obstáculos principales, dos venenos, que se interponen en el camino de este tipo de diálogo: las «críticas» y las «demandas». La «crítica» es cualquier juicio de valor negativo sobre la otra persona o uno mismo. Es un veneno cuando es injusto y es igual de malo cuando está completamente justificado. No importa si tu crítica es verdadera, porque de cualquier manera destruirá la posibilidad de un diálogo real.

La alternativa de criticar no se trata de parecer una persona muerta sin ninguna necesidad, sino reconocer que la energía que motiva tu crítica es una necesidad insatisfe-cha. El diálogo es posible si puedes centrarte en la necesi-dad, en lugar de pensar que la otra persona es una mierda por no haberla cumplido. El diálogo real ocurre cuando las necesidades de ambas personas son importantes. Decir que la crítica destruye el diálogo no significa que debamos ig-norar o minimizar nuestras propias necesidades, porque eso sería sumisión, no diálogo.

A veces la crítica está completamente justificada, pero no deja de ser trágica. Es trágica porque en el fondo cada crítica tiene sus raíces en esta verdad: «Odio que estés actuando como si mis necesidades no importaran». Cuan-do expresamos esto a través de una crítica, generalmente hace que sea aún menos probable que la otra persona vea la belleza de nuestras necesidades.

Imagina que hiciste algo en el trabajo que un compañero consideró irrespetuoso. Pudo ser un malentendido o pudiste haber actuado como un imbécil. No importa. Imagina cómo reaccionarías si te llamaran imbécil en la cara. Ahora imagina que en vez de esto dijeran: «Quiero sentir que me respetas, pero ahora no lo puedo percibir. ¿Puedes ayudarme a en-tender por qué hiciste eso?». El segundo ejemplo se trata de expresar la necesidad directamente. Esto no garantiza que la otra persona reaccionará positivamente, pero defi-nitivamente lo hace más probable.

El otro veneno para el diálogo es la «demanda», lo que significa que estás exigiendo algo específico a otra persona, y si no lo hace habrá consecuencias negativas. Las demandas son trágicas por una razón diferente. Cuando pedimos algo, siempre preferimos que la otra persona lo haga porque así lo desea. Si necesito viajar a casa desde el aeropuerto, y al preguntarle a mi amigo pone los ojos en blanco y responde que está de acuerdo con una expresión de dolor en su rostro, la situación será muy incómoda. Ciertamente preferiría que se animara y dijera: «Estupendo. Estaré feliz de hacerlo».

Cuando exigimos algo de otra persona, básicamente hacemos imposible que respondan con alegría. Pueden ceder a nuestra presión o rehusarse. De cualquier manera, con una demanda, nuestro resultado ideal no sucederá.

Al igual que las críticas, hay una necesidad insatisfecha bajo cada demanda. Imagina que te digo: «Te he recogido del aeropuerto tres veces y tú nunca me has llevado ni una sola vez». Es obvio que quiero que me lleven a casa, pero ¿qué es lo que realmente espero? En el fondo quiero que te sientas feliz de venir por mí. Sin embargo, tengo miedo de que eso no sea posible. En cambio, creo que la única forma de conseguir que me ayudes es amenazándote: «Si no me llevas, eres una mala persona y un mal amigo».

La manera de evitar demandar algo es hacer que para la otra persona sea fácil decir «no». Por ejemplo, podría decir:

«Hay muchas maneras diferentes de llegar a casa desde el aeropuerto, pero mi favorita es si tú vienes a recogerme». Te hago saber que tienes la oportunidad de mejorar mi vida, que viajar contigo sería mi opción favorita. Es como decir: «No hagas esto porque tienes miedo de que te juzgue si no lo haces. Hazlo si te parece divertido».

Todos tememos que otras personas hagan cosas por nosotros solo porque obtienen algo a cambio, o porque no desean una consecuencia negativa. Sin embargo, esto no es verdad. El secreto para que otras personas disfruten compartir contigo es aprender a ver la belleza en tus propias necesidades y en las de ellos. Si crees que tus necesidades son una carga, será difícil para otras personas verlas de manera diferente. Por otro lado, cuando realizas una petición con la confianza de que las necesidades de ambos son igual de valiosas, será mucho más probable que obtengas la respuesta que esperas.

La clave para estos venenos, crítica y demanda, es reconocer que en el fondo de ellos siempre hay una necesidad insatisfecha. Si notas que estás haciendo una demanda, o sientes ganas de criticarte a ti mismo o a otra persona, busca la necesidad insatisfecha. Una vez que la encuentres intenta ver su belleza y comunícate a partir de esa idea.

El ejemplo más poderoso de este proceso en mi vida ocurrió cuando le propuse matrimonio a mi esposa, Annie.

Dimos un paseo por el parque Panhandle Golden Gate, leí un poema que había escrito para ella y luego me arrodillé. Cuando por fin hice la pregunta, ella respondió: «Gracias».

No estaba seguro de lo que significaba «gracias», pero después de una pequeña discusión quedó claro que no significaba «sí». Estaba más cerca de «ahora no, tal vez más tarde». En ese momento vivíamos juntos en un remolque de dos habitaciones en el centro de educación ambiental donde ella trabajaba. Tengo que decir que las siguientes semanas en ese tráiler fueron muy incómodas.

Tenía el corazón roto. Me sentía expuesto y rechazado. Constantemente le preguntaba qué necesitaba para tener claro si quería casarse conmigo, pero nunca podía responderme con precisión. Cuanto más tiempo pasaba, más contundentemente le exigía algo de claridad. Pensaba: «Si no lo sabes, tómate el tiempo y espacio para resolverlo». Me sentí desesperado e impotente. Esto continuó durante unos seis meses. Yo presionaría para obtener información, ella se retiraría y se equivocaría.

Finalmente, ella dijo: «Siento que cuanta más presión ejerces sobre mí, más difícil es responder tus preguntas. En realidad, me gustaría responderlas, pero no quiero sentir que lo hago porque me obligas». Al escuchar esto, justo en ese momento, me llené de rabia. Tenía mucho dolor y todo lo que quería era algo de claridad.

Desde mi punto de vista había tratado de hacerle saber cuánto me dolía su ambigüedad, pero no era así como se veía desde su lado. Ella estaba experimentando una demanda, y con ello destruyendo nuestra conexión, así que me tomé un tiempo para pensar cómo podía expresar mis necesidades de forma más directa.

Lo primero que hice fue averiguar cuáles eran mis necesidades, para ello utilicé este experimento: me pregunté qué haría si tuviera poderes mágicos y pudiera controlar la situación. La respuesta fue que Annie me contara sus inquietudes para resolverlas juntos. Luego me pregunté por qué esto me haría sentir bien, ¿qué necesidades cubriría? La principal razón fue nuestra conexión. Me sentiría más cercano a ella y más seguro de nuestra relación. La claridad también sería importante pero de forma secundaria. Sobre todo, quería sentirme más seguro de nuestra conexión.

Ahora que tenía claras mis necesidades, debía encontrar una manera de expresarlas que respetara la necesidad de autonomía de Annie. Hice lo posible para decirle todo esto, fue algo como: «Tengo miedo de perder nuestra relación, y no sé cómo decírtelo de una manera en la que puedas seguir sintiéndote libre». Ella respondió que también tenía mucho miedo de perder la relación. Cuando escuché esto sentí ganas de gritar: «Entonces averigua qué necesitas y dímelo». Tuve que utilizar toda mi prudencia para evitar decir lo anterior. Quería que ella viera la belleza de mis necesidades y sintiera la libertad de responder a su manera. Entonces, en cambio, dije: «Ambos valoramos realmente nuestra relación, pero también tenemos mucho miedo de perderla». No dije nada más. Había expresado lo que estaba bajo mi demanda de una manera en que nuestras necesidades (la mía de conexión, y la de ella de conexión y autonomía) estaban sobre la mesa. Durante la siguiente semana cuidé de nunca decirle qué hacer. Finalmente pude ver la belleza y el valor de su necesidad de autonomía. No quería tener una relación en la que mi pareja se sintiera manipulada (la idea me molestaba). Quería que se sintiera completamente libre de ser ella misma. Así que cada vez que me sentía inseguro, me aseguraba de expresar que su necesidad de autonomía era tan importante para mí como mis necesidades de conexión y claridad. Al final de la semana ella había expresado tres preocupaciones concretas sobre casarnos. Hablamos abiertamente sobre ellas y decidimos que lo haríamos. Volví a hacer la propuesta formal y obtuve un verdadero «sí». Me siento tan agradecido de haber podido encontrar una manera de valorar tanto mis necesidades como las de ella.

Esta historia muestra cómo las demandas y las críticas no son solo acerca de lo que dice el orador. Son más sobre lo que escucha el espectador. Hay algunas personas que son tan buenos comunicadores que escuchan la necesidad sin importar lo que digamos. Podría gritar: «¡Jódete!» y ellos responderían: «Quiero que te sientas respetado. ¿Qué puedo hacer para ayudarte?». Por otro lado, también hay personas que solo escuchan críticas y te reclaman sin importar lo que digas. Podrías decir: «Estoy tan contento de que hayas podido asistir a la fiesta», y ellos te contestarían: «Puedo irme en el momento que quieras».

La mayoría de las cosas llamadas «técnicas de comunicación» terminan siendo incómodas cuando las usas en la vida real. Sin embargo, esta es increíble.

La mejor técnica de comunicación

PRIMERA PARTE

- Siempre que la comunicación se altere, tómate un minuto y piensa si estás utilizando críticas o demandas.
- Si es así, piensa en qué necesidad insatisfecha está detrás de la crítica o la demanda. Nómbrala en silencio solo para ti.
- Trata de imaginar a la otra persona sintiéndose feliz de contribuir a tu necesidad y totalmente libre de hacerlo a su manera.
- Trata de expresar directamente tu necesidad sin críticas ni demandas.

SEGUNDA PARTE

- Si la otra persona aún reacciona de forma negativa, di lo siguiente:
  - «Siento que no me estoy expresando claramente. ¿Puedes decirme cómo se percibe lo que estoy diciendo?». Lo importante es que digas esto a pesar de cuánto estés hablando. Es una manera de ayudar a la otra persona para que se sienta cómoda al decirte lo que escuchó sin que esto parezca condescendiente.
  - Las personas te dirán las críticas o demandas que hayan escuchado. Pueden basarse en algún aspecto de tu comunicación no verbal, o puede ser algo 100% de su propia proyección. No importa.
  - Una vez que hayas escuchado las opiniones del otro puedes decir: «Siento que mis palabras suenen así. Creo que estoy haciendo un mal trabajo al expresarme. Lo que intento decir es [explica tu necesidad directamente]». ¿Esto suena diferente? ¿Qué has percibido esta vez?
  - Continúa haciendo este ejercicio hasta que el otro escuche tu necesidad sin que parezca una crítica o demanda.
- Créeme, esto realmente funciona.

Cuando dices que primero debo centrarme en mi propio sufrimiento, ¿quieres decir que tengo que esperar hasta estar completamente tranquilo y lúcido antes de traer a colación un conflicto? Porque si es así, me parece algo estúpido.

No, no me refiero a esto. Me refiero a algo más inteligente. A veces, cuando nos sumergimos en un conflicto intenso, terminamos turnándonos para golpearnos unos a otros en la cara (emocionalmente hablando). Cada uno de nosotros tiene su propia capacidad limitada para tolerar angustia, más allá de la cual no se puede hacer nada útil. Tal vez eres realmente bueno tolerando conflictos explosivos, y casi nunca te pueden provocar tanto como para que comiences a tirar sillas indiscriminadamente a cualquier persona (emocionalmente hablando). Si es así, esto es genial.

Estoy hablando sobre algunos de nosotros que se dejan provocar por un conflicto y hacen más daño del necesario. Tenemos que conocer nuestros propios límites y aceptar que a veces es más útil desconectarse temporalmente. No nos retiramos para castigar a la otra persona o para evitar el conflicto. Lo hacemos para abrazar y transformar el sufrimiento en nuestro cuerpo, con ello podremos volver al conflicto con una mayor capacidad de crear un resultado positivo.

Esto no significa que tenemos que esperar hasta conseguir una paz completa. Ni siquiera sé lo que esto significaría. Hay monjes tibetanos que consiguen entrar en estados de paz tan profundos, que si disparas un arma junto a sus cabezas, no tendrían una respuesta de sobresalto. Sería un imbécil si pensara que este es el único estado desde el cual es posible resolver conflictos. No, esto se trata de calmarnos lo suficiente para conservar nuestra humanidad. Espero que las prácticas en este libro puedan ayudarte a conseguirlo.

Thich Nhat Hanh me enseñó una práctica llamada *El tratado de paz*, en ella aconsejaba que tan pronto como notes que estás enojado con alguien, debes expresarlo dentro de las primeras veinticuatro horas. Puedes decir a la otra persona: «Estoy sufriendo en este momento, tiene algo que ver con nuestra relación pero no tengo suficiente claridad para saber exactamente qué es. Daré prioridad a practicar con mi sufrimiento en los próximos días. Una vez que tenga algo de claridad me gustaría hablar contigo». No siempre hago esto, pero funciona muy bien cuando lo hago.

Hay algunas personas tóxicas en mi vida. ¿Estás diciendo que debo hacerles ver la belleza en mis necesidades?

No. Dejar algunas relaciones siempre es una opción, y a veces es mucho mejor que tratar de dialogar. También creo que hay algunas circunstancias en las que el ganador termina llevándose todo (ya sea que tome el control o decida cederlo), y esto puede ser más práctico que el diálogo. Dicho esto hay veces que tratar de crear un diálogo con personas tóxicas puede ser realmente gratificante. Nadie es tóxico porque sea feliz. Las personas difíciles en tu vida actúan como lo hacen porque están sufriendo. Recuerda, los orcos son solo elfos torturados.

Esto no excusa su comportamiento, sin embargo, puede crear una apertura para la conexión. Si creo que la razón por la que alguien está haciendo lo que está haciendo es porque está tratando de molestarme, será imposible que vea su humanidad. En cambio, si puedo ver que están sufriendo y desean ser felices, pero no tienen idea de cómo hacerlo, podría relacionarme con ellos.

Cuanto más destructivas son las acciones de alguien, más preciosa es la necesidad que está tratando de satisfacer. Si alguien grita, arroja muebles e inventa nuevas palabras para maldecir, significa que la necesidad que lo motiva es vital. Está reaccionando a algo que le parece una grave amenaza para su seguridad física o autoestima. Si puedes reflejar esto en ellos, diciendo algo como «puedo notar que solo quieres sentirte comprendido», te sorprenderá cuánto pueden relajarse. He realizado esta práctica con personas en medio de una crisis psicótica y aun así obtuve buenas respuestas.

Siento que en mi relación no tengo un conflicto en sí. Simplemente tenemos grandes pilas de resentimiento de las que no hablamos. ¿Esto puede considerarse una pregunta?

Por supuesto. La crítica y la demanda no expresadas son a menudo más tóxicas que los restos de una cerilla consumida, sin embargo, la práctica es la misma en ambos sentidos. Reconoce y nombra cualquier crítica y demanda presente en tu relación (incluso si nunca se han dicho). Luego busca las necesidades insatisfechas que se encuentran debajo de ellas. Finalmente expresa tus necesidades directamente y alienta a tu pareja a hacer lo mismo. Las críticas y demandas son algo impresionante, porque enfocan nuestra atención en las necesidades no satisfechas que debemos abordar.

Vale, lo intenté. Expresé mis necesidades y parece que mi pareja pudo apreciarlas. Sin embargo, puedo percibir que tiene necesidades insatisfechas de las que se niega a hablar. ¿Qué puedo hacer?

Hay un ejercicio llamado «conjetura empática». El primer paso es indicar lo que observas sobre tu pareja de la manera más objetiva y libre de juicios. Por ejemplo, «Siento que realmente entiendes mi necesidad de intimidad, pero cuando hablamos de esto hay algo en tu expresión facial que no entiendo». Puedes describirlo, pero no interpretarlo.

Esta parte debe ser una descripción lo más objetiva posible. Por ejemplo, «parece que me estás ocultando algo» es muy subjetivo. «Tu rostro se ve tenso» es mejor.

La segunda parte de una «conjetura empática» es adivinar. No actúes como si supieras cuál es su necesidad, incluso si estás bastante seguro, porque podrías estar equivocado. Puedes decir algo como: «Cuando veo esa expresión en tu rostro me pregunto si necesitas más libertad y autonomía, o si hay alguna otra cosa que podría ayudar a mejorar tu vida». Lo mejor de una conjetura empática es que orienta a la otra persona para pensar en términos de necesidades, y esto refleja que sus necesidades son importantes para ti. Es muy común en las relaciones que una persona necesite más intimidad y la otra más autonomía. Cuando esto sucede puede parecer aterrador, como si las necesidades estuvieran en conflicto, pero no es verdad. Las personas pueden tener intimidad y autonomía al mismo tiempo. Ambas necesidades pueden importar y satisfacerse. Puede ser confuso descubrir cómo descifrarlas, pero el 90% de la tensión desaparece tan pronto como los dos acuerdan que ambos quieren más intimidad y que uno desea más libertad. No necesitas resolver el problema de inmediato. La experiencia de «los dos valoramos las necesidades de ambos, incluso si no podemos satisfacerlas perfectamente» es la esencia de una relación conectada.

No tengo idea de cómo adivinar la necesidad de otra persona. Ni yo mismo sé lo que necesito. ¿Cómo puedo adivinar mis propias necesidades?

Se necesita mucha práctica para poder descubrir las necesidades que están debajo de la crítica y la demanda. Afortunadamente la práctica puede ser realmente divertida. Pasemos un día en la vida de su amigable autor y prestemos atención a algunos de los terribles, espantosos y malos pensamientos que surgen en su mente. Luego buscaremos las necesidades (la energía viva) que los motivan.

- Situación: estoy caminando por un pasillo y alguien se acerca desde la otra dirección. Estoy del lado derecho, sin embargo, la otra persona no da un paso a mi izquierda para que podamos pasar. Ella camina hacia mí, así que tengo que parar y ponerme contra la pared hasta que pase.
  - Pensamiento: «¿Qué demonios te pasa?».
  - Necesidad: «Ojalá pudiéramos compartir este espacio y ser considerados el uno con el otro. También desearía saber por qué lo hiciste para entender tu perspectiva».

Así es como traduje la situación: me imaginé de nuevo en esa escena, justo cuando estaba criticando a la otra persona. No traté de decirme que no la criticara ni convencerme de que probablemente es una buena persona. Entonces me pregunté: «¿Qué desearías que hubiera pasado?». La respuesta fue que me hubiera gustado que ella me notara e hiciera un espacio para que ambos pudiéramos pasar. Luego me pregunté: «¿Por qué esto me haría sentir bien? ¿Qué necesidades satisface?». Y así es como obtuve mis respuestas: consideración y comprensión. Pasemos a otra anécdota.

- Situación: estoy en un café y tengo ganas de cagar. Un tipo sale del baño justo cuando entro y descubro que el asiento del inodoro estaba repleto de orina.
  - Pensamiento: «¡VETE A LA MIERDA!».
  - Necesidad: consideración, respeto (no solo para mí, sino también para los demás en general) y especialmente comprensión. «Me gustaría saber por qué has meado en un baño público con el asiento hacia abajo, porque en este momento me cuesta mucho verte como una persona que está tratando de aportar felicidad al mundo. ¿A nadie le importó lo suficiente como para enseñarte las consecuencias de esto? ¿Tenías miedo de tocar el asiento? Si pudiera entender cómo intentabas satisfacer tus necesidades, creo que no me hubiera molestado tanto».

Divertido, ¿verdad? Prueba tú mismo. Piensa en una crítica o demanda en tu vida ahora mismo. ¿A quién no puedes aceptar como es? Ponte en contacto con ese sentimiento brillante y vivo de no aceptación. Una vez que lo tengas, pregúntate: «¿Cómo desearía que las cosas fueran diferentes?». No es necesario que sea posible, puede ser sobre cómo cambiarías las cosas si tuvieras poderes mágicos. Esto se trata solo de escuchar la necesidad que hay en ti. Escribe tu respuesta. Luego pregúntate: «¿Por qué esto se sentiría tan bien? ¿Qué necesidades satisface en mí?». Ahora imagínate en la situación o relación y expresa tus necesidades directamente. ¿Cómo se siente?

CAPÍTULO 6

¿POR QUÉ SUCEDEN COSAS MALAS?

«Aprender qué preguntas no tienen respuesta
y a no responderlas: esta habilidad es más necesaria
en tiempos de tensión y oscuridad».

—ÚRSULA K. LE GUIN

Cuando tenía diecisiete años, mi madre entró en mi habitación con un recorte de periódico y una expresión sombría. Me preguntó si sabía que tenía un medio hermano. Me quedé boquiabierto. No hace falta decir que no lo sabía, porque ella nunca me lo dijo. Me explicó que mi padre (a quien nunca había conocido) tenía otros dos hijos, ambos mucho mayores. El recorte de periódico decía que mi medio hermano acababa de perder su licencia como cirujano por realizar operaciones innecesarias mientras consumía heroína. Se enfrentaba a cargos de homicidio involuntario porque algunos de estos pacientes habían muerto.

Como era de esperar mi cerebro de diecisiete años brincó. Salí corriendo hacia mi Camaro de doscientos dólares y conduje por las calles marginales de Boston, a ochenta millas por hora, hasta la casa de mi amigo León.

Cuando entré y le expliqué lo sucedido me sentía intensamente autodestructivo. No tenía idea de lo que quería hacer, pero no me sentía particularmente apegado a la vida.

León escuchó y se quedó callado por un rato. Luego me preguntó: «¿Qué tiene que ver esto contigo?». Le dije: «¡Es mi maldito hermano! ¡Ni siquiera sabía que tenía un hermano, y es un asesino!». León dijo: «Está bien. ¿Y qué?».

Me sorprendía que León no pareciera entender por qué esto me molestaba. Sin embargo, cuando traté de explicárselo, me di cuenta de que era incapaz. ¿Por qué exactamente esto me dolía tanto? Ninguna de las historias que pasaron por mi mente respondía realmente a la pregunta de León. No estaba enojado con mi madre. Más que nada me sentí disgustado conmigo mismo, pero no sabía por qué ni cómo explicarlo.

León había sufrido, tenía familiares en la cárcel y otros habían muerto, así que no era como si no pudiera relacionarse. Me preguntó cómo me habían impactado estas noticias directamente, en qué forma cambiaron mi vida, pero yo no tenía ninguna respuesta. Entonces me di cuenta que la historia sobre quién soy fue lo que realmente me impactó. Si tengo un hermano que está tan jodido, debe ser cuestión de tiempo antes de que encuentre el mismo destino: destruirme a mí mismo y a todos los que me rodean. Había escuchado solo unas pocas palabras sobre él, pero me recordó completamente a mí mismo. Era realmente inteligente (un cirujano), así como un gonzo completamente jodido. Ese era yo y me sentí como si estuviera mirando fijamente a mi propio futuro.

Estaba dando un traspié al explicarle esto a León, quien encogió los hombros y dijo: «No eres tu hermano, hombre». Sentí un alivio que me golpeó como una ola gigantesca y comencé a llorar. León me dio un abrazo y pasamos el resto del día jugando videojuegos.

EL PROBLEMA DEL POR QUÉ

¿Por qué suceden cosas malas? ¿Por qué la gente hace cosas malas? Las historias que creamos para explicar por qué suceden estas cosas tienen un profundo impacto en nosotros, ya que dan forma a cómo nos sentimos con nosotros mismos, respecto a otras personas y en torno al mundo.

Por ejemplo, hay muchas formas de explicar el comportamiento de mi hermano. Piensa unos segundos por qué crees que mi hermano hizo lo que hizo. ¿Crees que es malvado? ¿Está enfermo? ¿Podría ser la víctima irreprochable de su condicionamiento? Estoy seguro de que puedes imaginar a alguien explicando su comportamiento como una criatura despreciable e inútil que estaría mejor muerta. Probablemente también puedas imaginar a alguien explicándolo de una manera que pudiera evocar lástima por él.

Si queremos ser capaces de enfrentar lo que está jodido en el mundo y no ser destruidos por él, mejor aun, si queremos tener un impacto positivo, entonces esta es la pregunta más importante: **¿por qué suceden cosas malas?** Nuestras explicaciones pueden hacer que odiemos a los demás y a nosotros mismos, hacernos sentir impotentes o fortalecer nuestra capacidad de conservar nuestra humanidad.

Esta pregunta está dividida en dos partes. La parte más pequeña es la psicológica, y se pregunta por qué la gente hace cosas malas. La parte más grande es la existencial, y se pregunta por qué, en lo absoluto, suceden cosas malas.

LA PARTE MÁS PEQUEÑA

Comencemos con la pregunta psicológica: ¿Por qué la gente hace cosas malas?

Antes de que podamos comenzar a elaborar una explicación para cualquiera de estas preguntas, debemos lidiar con el hecho de que no son el tipo de preguntas que tienen respuestas concretas. Hay innumerables formas de explicar por qué las personas actúan de la manera en que actúan. Si crees que solo una explicación puede ser cierta, entonces tiene sentido que quieras averiguar cuál es. Sin embargo, algunas preguntas simplemente no funcionan así.

Hay muchas teorías sobre el comportamiento humano que tienen problemas mayores. Pueden ser inconsistentes de forma interna, o pueden ser erróneos para predecir el comportamiento de las personas. No necesitamos perder el tiempo con estas teorías. Sin embargo, también hay una gran cantidad de explicaciones que merecen la pena. Son más o menos viables y no hay forma de determinar cuál de ellas es la única explicación verdadera. En realidad existe un término científico para describir esta situación: el principio de subdeterminación, que estipula que cualquier conjunto de datos siempre se puede explicar de múltiples maneras.

Si no podemos saber cuál es la única teoría verdadera del comportamiento, entonces tendría sentido adoptar una que sea útil, una que haga más fácil relacionarnos con las demás personas con compasión. Creo que la teoría de la naturaleza humana que describí en el capítulo 4 logra esto. Entonces, para responder nuestra pregunta directamente:

- ¿Por qué suceden las cosas malas?
- Porque todos sufren. Todos tratan de evitar el sufrimiento y satisfacer sus necesidades de la mejor manera posible,

basándose en los modelos imperfectos que su cerebro entiende de cómo funciona el mundo. Esos modelos están limitados a los patrones que percibieron en sus experiencias pasadas. En otras palabras, están tratando de crear felicidad pero no saben cómo.

Esta perspectiva fue articulada maravillosamente por un activista en Ferguson, Missouri, durante los disturbios que ocurrieron tras el tiroteo de Michael Brown. Hay un restaurante mexicano cerca de la estación de policía en Ferguson que sufrió daños y actos de vandalismo durante las protestas. En una reunión comunitaria, una mujer perteneciente a la familia que es dueña del restaurante habló: «El restaurante de mi familia sigue siendo atacado. No veo que la violencia y los disturbios estén ayudando en algo». Muchas personas que estaban viendo los disturbios de Ferguson en las noticias tenían pensamientos similares. Cuando terminó de hablar otra mujer se levantó para responder. Ella había sido activista comunitaria en Ferguson durante muchos años y dijo: «Muchos de nosotros hemos intentado hacer todo lo que sabemos para detener la violencia policiaca. Llevamos mucho tiempo trabajando dentro del sistema y nada ha mejorado la situación. Si supiéramos cómo detener asesinatos innecesarios de una manera que no afecte a nadie, Dios sabe que lo haríamos. No sé si estas protestas crearán el cambio que queremos, sin embargo, sé que volver a presentar quejas y trabajar dentro del sistema no lo hará. Hemos intentado ese camino y no nos condujo a ninguna parte. Esta es la primera vez que las personas comienzan a prestar atención a lo que está sucediendo aquí, por lo que muchos de nosotros sentimos que podría estar funcionando. Realmente desearía que esto no perjudicara a tu familia, pero espero lo puedas entender».

Estoy seguro de que tienes algunas ideas sobre la perspectiva de esta activista. Es posible que desees comenzar a discutir con ella, o querer ponerte de pie y defenderla. Tal vez desees hablar con ella sobre otras posibilidades. Esta es una oportunidad perfecta para mirar debajo del contenido de lo que alguien está diciendo para crear una conexión real.

Estar de acuerdo, en desacuerdo y educar, todos tienen su lugar. Sin embargo, estas posturas son un millón de veces más eficaces si se producen «después» de que se haya creado una conexión basada en las necesidades. Deja tus ideas particulares a un lado por un minuto. Ahora busca tanto tus necesidades como las del otro. Ella quiere detener la violencia policiaca innecesaria, pero no está segura de cómo hacerlo. ¿Te identificas? Incluso si crees saber cómo detener los asesinatos, ¿puedes ponerte por un momento en sus zapatos? Estoy seguro de que puedes relacionarte con su deseo de detener la violencia innecesaria. También creo que, si supieras exactamente cómo hacer que eso suceda, ya lo habrías hecho. Entonces, antes de estar de acuerdo o en desacuerdo con su estrategia, toma algunas respiraciones para recordar que ambos quieren lo mismo, pero ninguno de los dos sabe con certeza cómo lograrlo.

Esta forma de ver a las personas no te convierte automáticamente en Gandhi. No te transformas de inmediato en un monje tibetano que solamente siente compasión por el soldado chino que lo está torturando. Si alguien está rompiendo tus ventanas, puede que no haya ningún tipo de replanteamiento que te haga sentir bien al respecto, y tal vez no debería haberlo.

El valor de esta forma de pensar comienza con nuestra intención de conservar nuestra humanidad en un mundo jodido. Queremos poder ver este tipo de situaciones sin enojarnos o deprimirnos al grado de no poder ser útiles. Con esta intención en mente, podemos pensar en esta perspectiva como una habilidad a desarrollar por medio de la práctica deliberada. Si deseas interiorizar este modelo de pensamiento para cambiar la forma en que te sientes acerca de las personas, lo que necesitas es capacitación.

PRÁCTICA

- Piensa en algo que hayas hecho que le causó sufrimiento a alguien.
- Intenta empatizar contigo mismo en el momento en que tomaste esa decisión. Observa cómo estabas sufriendo y buscando una forma de no sentirlo. Reflexiona: Si hubieras sabido cómo satisfacer tus necesidades sin lastimar a nadie, ¿lo habrías hecho?
- En retrospectiva, tal vez puedas ver una opción que hubiera funcionado mejor. Sin embargo, esa no es razón para sentirse avergonzado. Significa que has aprendido algo desde entonces, lo cual es muy bueno.
- Repite este proceso con la elección que otra persona hizo y que haya causado sufrimiento.
- La práctica hará que esta perspectiva surja con naturalidad.

LA BONDAD DEL SUFRIMIENTO

Ahora bien, para la pregunta existencial: ¿Por qué suceden cosas malas en general? Para mí esta pregunta es sobre cómo nos relacionamos con todo lo que nos rodea en la vida y que no podemos controlar. La oración de serenidad, popularizada por los grupos de doce pasos, dice:

Dios, concédeme la serenidad para aceptar las
cosas que no puedo cambiar,

valor para cambiar las cosas que puedo,
y sabiduría para saber la diferencia.

Por lo tanto, hay algunas cosas en la vida que podemos controlar (al menos en cierta medida), y muchas cosas que no. Si podemos elegir una acción para reducir el sufrimiento, entonces obviamente deberíamos tomarla. Sin embargo, también somos vulnerables a las fuerzas sobre las cuales no tenemos poder.

Es realmente difícil aceptar este grado de impotencia a menos que creamos que las «cosas que no podemos cambiar» nos pueden beneficiar de alguna manera. Si creemos que son completamente al azar, que no importamos una mierda, o que todo podría ser realmente hostil hacia nosotros, entonces puede ser aterrador admitir lo impotentes que somos.

Muchos de nosotros intentamos negar nuestra impotencia en lugar de encontrar una manera de hacer las paces con ella. Cuando la vida va bien, en lugar de sentir gratitud, nos convencemos de que somos el todopoderoso que lo hace posible (como las personas de Ayn Rand). Cuando la vida es una mierda, nos culpamos y empeoramos nuestro sufrimiento mil veces, tratando de dominar cosas incontrolables, y esto nos vuelve locos.

En esencia esta también es una cuestión de confianza versus desconfianza: la primera etapa del desarrollo psicosocial, según Erik Erikson. Si no podemos desarrollar un sentido básico de confianza hacia «lo que no podemos controlar», nunca nos sentiremos verdaderamente seguros.

A lo largo de la historia la gente se ha hecho esta pregunta: ¿Por qué suceden cosas malas? El filósofo alemán Gottfried Wilhelm Leibniz creía que esta era una de las preguntas más importantes de la filosofía. Lo llamó el problema de la «teodicea», y como filósofo cristiano lo expresó en forma teológica. Leibniz preguntó: «Si Dios es omnipotente y completamente bueno, ¿por qué hay maldad?». Cuando lo pienso, lo expreso de maneras más seculares: ¿Cómo puedo sentirme bien con la vida cuando hay tanto sufrimiento en el mundo? O ¿cómo puedo sentir una sensación básica de seguridad cuando hay tan poco que puedo controlar?

Cuando piensas en el mundo como un concepto absoluto, especialmente en todo lo que no puedes controlar, puedes creer que es completamente caótico y aleatorio, o puedes creer que está gobernado de alguna manera. Si crees que está reglamentado, podrías pensar que está regido por un Dios personal, una serie de dioses o alguna fuerza subyacente impersonal. Además, podrías creer que la fuerza gobernante se preocupa por tu bienestar individual, o que no lo hace.

Si estás esperando (o preocupado) que voy a discutir la mejor manera de pensar sobre estas preguntas, no lo voy hacer. La forma en que te relacionas con la pregunta de por qué existe el sufrimiento es increíblemente personal. En cambio, compartiré cómo la entiendo con algunas de las ideas que encuentro útiles.

La forma dominante de relacionarse con esta pregunta en el pensamiento occidental ha sido afirmar que hay un Dios omnipotente, autor de todo lo que sucede. No necesitas sentirte aterrorizado por las cosas que no puedes controlar, porque Dios las está controlando y Él es un ser amable. Sin embargo, como señala Leibniz, hay algunas contradicciones en esta forma de pensar que están mejor articuladas por un titular que apareció en *The Onion:* «Dios admite que es adicto a matar bebés». Suceden muchas cosas terribles en el mundo, y si crees que hay un Dios que lo está creando, debes preguntarte por qué. Esto nos lleva de vuelta a la pregunta original: ¿Por qué suceden las cosas malas?

Muchos pensadores han respondido diciendo que está más allá de nuestra capacidad de comprensión. Dios mató a todos esos bebés (o permitió que los humanos lo hicieran), porque había una razón, pero no la sabemos. Si puedes convencerte de creer esto, quizá obtengas la serenidad que te ayude a no tratar de entender. Sin embargo, para mí, el «no pienses en eso» no siempre funciona.

El propio Leibniz articuló una perspectiva similar a la que se encuentra en el budismo tibetano. Expresó que este mundo debe ser «el mejor de todos los mundos posibles». Algo muy parecido a la idea del budismo tibetano que afirma que el reino humano es el mejor reino para nacer. El budismo tibetano habla sobre varios reinos en los que alguien puede nacer. Hay un reino animal, un reino del infierno, un reino humano, un reino Deva, etc. De todos los reinos, el humano es el mejor. ¿Difícil de creer? Aquí está la enseñanza:

Si naces como un animal salvaje, tu vida estaría tan llena de miedo y hambre que no tendrías la oportunidad de desarrollarte espiritualmente. Veredicto: no es el mejor. Por otro lado, podrías nacer en el reino Deva, lo que significa que obtendrías absolutamente todo lo que quisieras tan solo con desearlo. En el reino Deva todos tus deseos se cumplirían instantáneamente y nunca tendrías que lidiar con la impotencia en lo absoluto. Este es el reino en el que la pizza y el helado serían buenos para ti, y todos te amarían de la manera exacta en que deseas sin tener que pedirlo. A pesar de lo agradable que pueda parecer, la enseñanza dice que no es el mejor lugar para estar. Nacer en el reino Deva significa que nunca se te dará la oportunidad de desarrollar algo parecido a una virtud: sin paciencia, sin compasión, sin resiliencia, sin gratitud. Entonces cuando tu buen karma se agote y dejes este reino, será una de las experiencias más dolorosas posibles. No podrás hacer frente a la pérdida.

El reino humano, por el contrario, tiene la cantidad justa de sufrimiento para alentarnos constantemente al crecimiento espiritual sin abrumarnos completamente. No me relaciono con esta enseñanza como un renacimiento en otros reinos (y hay muchos maestros budistas tibetanos que tampoco lo comparten). Más bien creo que todos tenemos momentos en los que vivimos en un reino infernal y momentos en que la vida puede sentirse como un reino Deva.

Lo brillante de esta enseñanza, desde mi perspectiva, es que nos recuerda lo mejor del sufrimiento. Tu ego te dice constantemente que serías más feliz si vivieras en un reino Deva. De hecho, eso es básicamente todo lo que tu ego hace. Dice que el mundo sería mejor si obtuvieras todo lo que siempre quisiste y que nunca pasara nada malo. Esta enseñanza puede ayudarte a recordar que tu ego está equivocado. En realidad no quieres vivir en un reino Deva porque todo lo que te gusta de ti proviene de haber pasado por experiencias de sufrimiento. Tal vez pienses: «Claro, pero no necesitamos tanto sufrimiento». Ese es un pensamiento perfectamente racional. Lo explicaré un poco más y espero que tenga mayor sentido.

Hay un dicho que explica que toda compasión proviene del sufrimiento, por lo tanto la gran compasión proviene del gran sufrimiento. Esto no significa que todo sufrimiento se convierta en compasión. Desearíamos que este fuera el caso, pero no lo es. En realidad significa que toda compasión se desarrolla después de haber sufrido. Si pensamos en las personas en nuestro mundo a quienes asociamos con gran compasión, personas como Nelson Mandela, el Dalai Lama y Thich Nhat Hanh, todas son personas que han sufrido enormemente. Ellos han podido utilizar este sufrimiento para desarrollar una profunda compasión.

Thich Nhat Hanh dice que podemos entender el proceso de transformar el sufrimiento en compasión al pensar cómo convertimos la basura en abono y cómo éste se convierte en flores. La vida te da basura pero puedes aprender cómo transformar esa basura en algo valioso. No es que intentes deshacerte de la basura o no pensar en ella. En cambio, puedes reconocer su valor y transformarlo en algo hermoso. Específicamente, si aprendemos cómo reconocer nuestro sufrimiento como una sensación en el cuerpo, dejaremos de lado nuestras historias y lo aceptaremos con compasión.

Entonces cuando sucede algo malo, ya sea perder un trabajo o un acto de brutalidad policiaca, hay un cuento popular que me ayuda a dejar de lado mis historias y mantenerme lo suficientemente humano como para ser útil. Se trata de un granjero cuyo caballo se escapó y dice así:

Un día el caballo de un granjero se escapó. Todos sus vecinos se acercaron y dijeron: «¡Qué mala suerte!». El granjero se encogió de hombros y dijo: «Quizás». Unos días más tarde el caballo regresó y trajo dos caballos salvajes con él. Todos los vecinos volvieron diciendo: «¡Qué buena suerte!». El granjero dijo: «Tal vez». En una ocasión el hijo del granjero intentaba ensillar uno de los caballos salvajes, pero éste lo arrojó y se rompió la pierna. Los vecinos volvieron y dijeron: «¡Qué mala suerte!». El granjero dijo: «Quizás». Luego el ejército entró por la ciudad reclutando a todos los jóvenes aptos pero dejaron a su hijo en casa. Los vecinos volvieron corriendo y dijeron: «¡Qué gran suerte!». El granjero dijo: «Quizás».

Incluso cuando algo ya ha sucedido no podemos saber los efectos que tendrá en el futuro. Algo que parece terrible hoy podría hacer que ocurra algo sorprendente mañana.

Cuando no puedo imaginar ningún efecto positivo que una experiencia de mierda pueda tener en el futuro, trato de recordar que el sufrimiento en sí mismo puede ser valioso, porque es el abono a partir del cual podemos cultivar las flores de la compasión.

Cuando tengo el control de una situación, tiene sentido crear un resultado que pueda ser el mejor desde mi entendimiento, y espero tener razón. Sin embargo, gran parte de nuestro sufrimiento proviene de la agonía que causan los resultados que no podemos controlar. Mi mente identificará alguna situación como «lo peor que podría pasar», y esto me aterrorizará, pero son justo estos momentos los que nos recuerdan que no hay forma de saber si lo que tememos tal vez podría ser el mejor resultado posible.

Hay un verso del Tao Te Ching que encuentro increíblemente comprensivo en mis intentos de confiar en lo que no puedo controlar. Es el comienzo del capítulo 29 y dice:

¿Crees que puedes tomar control del universo y mejorarlo? Yo no creo que sea posible. El universo es sagrado. No lo puedes mejorar. Si intentas cambiarlo, lo arruinarás. Si intentas agarrarlo, lo perderás.

CAPÍTULO 7

EL ARTE DE LA INEXISTENCIA

«Todas las personas, vivas y muertas,
son pura coincidencia».

—KURT VONNEGUT

Mi primer retiro de meditación con Thich Nhat Hanh fue en un monasterio budista rodeado de montañas a las afueras de San Diego. Viví y practiqué en este lugar durante tres meses con cientos de monjes, monjas y laicos. Cuando el retiro estaba por terminar, Thich Nhat Hanh nos guió en una práctica llamada *Tocando la tierra* durante la sesión de la mañana (el sol salía sobre el cañón). En una parte de la práctica, mientras yacía acostado en el piso, me pidieron que visualizara cómo mi madre y mi padre estaban presentes en mí, cómo no estoy separado de ellos.

Pude ver mucho de mi madre en mí. Pude ver sus cualidades positivas, como su asertividad y preocupación por la justicia. También pude ver sus cualidades negativas, como cuando se aísla de las personas para evitar sentirse demasiado vulnerable. Sin embargo, no pude ver nada de mi padre en mí, o más bien, me negué a hacerlo. En mi mente me imaginaba a mí mismo como un árbol con profundas raíces en mi lado izquierdo, pero sin absolutamente nada en mi lado derecho.

Sabía que estaba equivocado, porque tengo los genes de mi padre. Soy más alto y atlético que nadie en la familia de mi madre, y sé que él era alto y atlético. Sin embargo, allí recostado, sentí esta profunda disonancia. Una voz en mí decía: «Muchas de tus cualidades físicas provienen de tu padre. Además, él también ha moldeado tu personalidad, aunque haya sido solo por su ausencia». Otra voz gritaba: «¡No tengo nada que ver con él!».

Cuando la práctica terminó, subí a un barranco y pasé el resto del día meditando. Me senté al pie de un árbol y presté atención a la tensión y agitación que surgían en mi cuerpo. Recibí estos sentimientos con cada respiración, hasta que encontré suficiente quietud y claridad para escuchar las diferentes voces en mi mente. Finalmente me puse en contacto con algo oscuro: un odio profundo e hirviente hacia mi padre.

Si un día antes me hubieras preguntado cómo me sentía acerca de mi padre, habría dicho algo como: «Realmente no me molesta. Nunca ha sido parte de mi vida así que es normal para mí». También creí que no odiaba a nadie. Estaba tan profundamente involucrado en la meditación y el cambio social no violento que toda mi identidad se basaba en el perdón y la compasión. Entonces, cuando descubrí cuánto odio existía en mí, me sentí como un gran fraude. Era algo como: «Crees en toda esta mierda y actúas como si fueras una nueva persona, pero en el fondo, sigues siendo ese chico jodido de Boston». Sentía como si esta identidad que yo había construido cuidadosamente para mí estuviera derrumbándose. No había forma de que pudiera ser la persona que quería ser y tener tanto odio.

Seguí sentado bajo el árbol con la mente agitada. El odio se sentía como un veneno candente en mí. En ese momento creía que el odio mismo era lo que estaba destruyendo nuestro mundo. El odio era el malo. Incluso Thich Nhat Hanh lo había llamado «el enemigo del hombre» en su famosa carta a Martin Luther King Jr. Me había esforzado mucho por ser un hombre bueno, pero estaba empezando a dudar de que fuese una buena persona si esto no sucediera. Pensé que tal vez la gente realmente no cambia.

Entonces mi mente volvió a la práctica *Tocando la tierra*. En ella nos guían para ver cada parte de nosotros mismos, cada cualidad física y psicológica, como «no soy yo» y «no es mía». Estas características son «elementos no propios» que nos han sido transmitidos de varias maneras. En otras palabras, todo lo que amo de mí mismo y todo lo que odio de mí mismo no ha venido de la nada. No me hice alto o amante de los libros yo mismo. No causé este odio en mí y no se originó conmigo. Todo viene de alguna parte. Tal vez si pudiera ver el odio como una transmisión en lugar de identificarme con él, no me sentiría tan avergonzado.

Enfoqué mi atención en el odio que había en mí. A pesar de que cada fibra de mi ser quería escapar y evitar ese sentimiento, me quedé con él. Permití que todas mis alarmas internas se encendieran. Mi mandíbula se tensó, mi piel se erizó y sentí un calor intenso en mi pecho, pero no luché contra ninguna de esas sensaciones. Seguí susurrándome: «Lo que sea que sientas está bien. Estoy aquí para ti». Finalmente, mi cuerpo se asentó y tuve suficiente presencia mental para explorar el odio en sí.

Como aprendí en la práctica de *Tocando la tierra*, busqué las condiciones que habían causado este sentimiento en mí. El odio fue una respuesta a mi padre, así que tenía que encontrar una forma de estar presente en él. Reconocí que su ausencia en mi vida, ya que había evitado todos mis intentos de contactarlo, y todas las cosas jodidas que había escuchado sobre él eran manifestaciones de su sufrimiento. El sufrimiento en él lo había hecho lastimar a otras personas. Cuando esto sucedió, fue como si su sufrimiento se transmitiera directamente a ellos, a mí. Vi el odio en mí como el sufrimiento que mi padre me había transmitido. Me había dado su altura, su constitución y su dolor.

Pude ver que el odio no era yo y ni siquiera era mío. Estaba hecho de un sufrimiento que existía antes de que yo naciera, y al mirar más profundamente, estaba claro que tampoco se había originado con mi padre. Sé muy poco sobre sus antecedentes, pero es fácil suponer que no fue criado con apoyo emocional y un apego seguro. A medida que mi entendimiento cambió, el odio en mí ya no se sentía como una acusación condenatoria de quién soy realmente. El odio estaba hecho del sufrimiento, y el sufrimiento era parte de una transmisión intergeneracional. Estaba presente en mí, pero comencé a sentirme como su mayordomo o cuidador en lugar de ser definido por él.

Mientras me sentaba en el barranco mi percepción maduró lentamente. «El odio en mí es la continuación del sufrimiento de mi padre. Si no hago nada al respecto, transmitiré este sufrimiento a todos en mi vida y a las generaciones futuras. Sin embargo, si puedo encontrar una manera de sanarlo y transformarlo, puedo dejar el mundo un poco mejor de lo que lo encontré». En ese momento mi práctica no era lo suficientemente fuerte como para soportar todo ese dolor con compasión, pero decidí que eso era lo que quería hacer con mi vida. Quería aprender a abrazar y transformar incluso el sufrimiento más intenso, y ayudar también a otros a desarrollar esa habilidad.

LA NUBE EN TU TÉ

En el budismo aprendemos acerca de la enseñanza a uno mismo. Es complicado, sutil y realmente fácil de ser mal interpretado. Sin embargo, cuando lo aplicas correctamente, el resultado es que te siente más libre, más conectado y más vivo. Quizás lo más importante, al menos en términos de conservar tu humanidad en un mundo jodido, es una enseñanza que puede ayudarte a no sentirte avergonzado de tu sufrimiento o falta de habilidad, y a dejar tu apego (¿o aversión?) al hablar.

Todo lo que odias de ti mismo no eres tú, así que no te preocupes por eso. Todo lo que amas de ti mismo no eres tú, así que no te sientas demasiado orgulloso. Todos son elementos no propios, transmisiones de generaciones pasadas. Están hechos completamente de cosas que no eres tú. Ni siquiera existen, al menos no en la forma en que normalmente piensas.

Así es como funciona la práctica de lo no propio: elegiremos algo y luego aplicaremos un tipo de análisis especial. Comenzaremos con el té y luego progresaremos hacia los seres humanos.

Sírvete una taza de té y sostenla en tus manos. Tómate un momento para mirarlo. Deja que tu cuerpo y tu mente se relajen. ¿Puedes ver que hay una nube flotando en tu taza? Mira profundamente.

¿De dónde vino esta agua? De tu grifo. Más atrás, desde un embalse. Y antes del embalse era lluvia. Antes de eso era una nube en el cielo. Cada molécula de H_2O en tu taza ha sido H_2O por millones de años y más. Eso ha sido parte de todos los océanos y ha flotado como vapor sobre todos los continentes. Ha sido también la sangre de innumerables animales. Por el momento es tu té. Pronto será parte de tu sangre. En poco tiempo continuará su viaje y conocerá cada océano nuevamente. ¿Puedes ver esto?

¿Puedes creer que este té solía ser una nube pero ya no lo es? Esta es la idea que quiero deconstruir ahora. Quiero ayudarte a ver que la nube no se ha ido. En nuestra forma normal de pensar, que los budistas llaman *sakkaya ditthi* (visión propia, en oposición a la visión no propia), cada objeto tiene un ser separado. Por ejemplo, estoy separado de ti y la mesa está separada del piso. En esta visión cada objeto existe independientemente de todo lo demás, tiene su propio ser separado. Sin embargo, quiero que mires el té de manera diferente.

La existencia del té en su taza no es independiente, ya que depende de muchos factores. Si la nube no hubiera existido, este té no podría existir. Dado que la existencia del té depende de la nube, no pueden estar realmente separados, y la nube no se ha ido realmente. Más precisamente, el té es la continuación de la nube. La nube es llamada un elemento no propio, y el té está hecho de muchos de estos elementos. Sin los granjeros y camioneros que cultivaron y trajeron sus hojas de té (y todos sus antepasados), el té no estaría aquí. Su calor proviene del gas natural en tu estufa, que proviene del plancton prehistórico que absorbió el calor y la luz del sol. Mirando tu té, ¿puedes ver todos los elementos ajenos que están presentes? Son incalculables. Intenta ver la existencia de tu té como la continuación de estos elementos.

Finalmente, esta enseñanza establece que si quitas todos los elementos no propios que componen tu té: la nube, el granjero, el plancton, etc., no queda absolutamente nada. El té no tiene un «yo» esencial que permanezca cuando se eliminan sus elementos no propios. De hecho, puede entenderse que es la intersección única de todos estos factores. Lo que trato de describir es una forma de ver tu té que hará que tu experiencia sea más bella y misteriosa. Si no se siente así, si estas palabras no han transmitido esa comprensión, no te preocupes, pueden tener sentido más tarde.

Sin embargo, si puedes ver que tu té está hecho completamente de elementos ajenos, entonces estás listo para mirarte de la misma manera. Una forma tradicional de practicar con esta enseñanza es pensar en cinco factores

que constituyen un ser humano: (1) cuerpo físico, (2) sentimientos, (3) percepciones, (4) pensamientos y (5) conciencia*.
Analizaremos cada uno de estos factores para ver que están
hechos completamente de elementos ajenos a un mismo
ser, y luego observaremos cómo esta perspectiva cambia la
forma en que nos sentimos sobre nosotros mismos. Comienza
con tu cuerpo y analiza cómo está hecho completamente de
elementos que no son tu cuerpo. Cada átomo de tu cuerpo
tiene una historia propia que comenzó mucho antes de que
nacieras. Cada uno llegó a tu cuerpo en forma de comida,
bebida o en el aire que respiras. Estos átomos están forma-
dos por los genes que has recibido de tus antepasados, por
el condicionamiento de tu sociedad, entre otros factores.
También están integrados por tus sentimientos, percepciones, pensamientos y conciencia. Si intentas eliminar
todos los elementos ajenos a tu cuerpo, no quedaría nada
del mismo. Tu cuerpo no eres tú o no es realmente tuyo, es
la unión de estos innumerables elementos.

Cuando vemos nuestro cuerpo desde esta perspectiva, no
nos sentimos tan orgullosos de las partes que nos gustan,

---

* Para aclarar los últimos tres términos: percepción significa la experiencia a
través de tus cinco sentidos; los pensamientos son las narrativas que tu mente
crea a partir de esas percepciones; la conciencia es la subjetividad que es consciente de sus percepciones y pensamientos.

ni nos sentimos tan avergonzados por las partes que no nos gustan. En cambio, tu cuerpo se convierte en un regalo único, precioso y efímero. Pruébalo por ti mismo.

Puedes aplicar el mismo análisis a tus sentimientos, percepciones, pensamientos y conciencia. Por ejemplo, ¿qué quedaría de tu conciencia si le quitamos los pensamientos de todas las personas que has conocido y luego le quitamos tu cuerpo, sentimientos, percepciones, etc.?

Al reconocer cómo estos cinco factores están hechos de elementos ajenos a uno mismo, puedes entender que ya no te definen y puedes apreciar su belleza. *Este es el arte de no existir.* No es algún tipo de nihilismo o negación de nuestro sentido común, es una perspectiva que nos permite relacionarnos con nuestro cuerpo, sentimientos, pensamientos, etc., como transmisiones que administramos por un tiempo y luego liberamos. Debemos vernos como parte de una corriente de vida que ha existido y existirá al menos por un tiempo geológico.

¿Que si creo que esta es la única perspectiva verdadera? No. Creo que la enseñanza de uno mismo es intelectualmente densa, pero también lo son muchas otras cosmovisiones. Para mí su valor proviene de la libertad y el bienestar que puede proporcionar cuando se entiende adecuadamente.

EL TRANSPORTADOR
INTERGENERACIONAL DE MIERDA

Todos necesitamos un mito para vivir. Necesitamos de alguna historia que nos oriente para encontrar un sentido al caos de nuestras vidas. Tener un mito es completamente racional y de ninguna manera se opone a una cosmovisión científica. Yo amo la ciencia. Amo tanto la ciencia que tengo un tatuaje en el hombro con la palabra ciencia en un corazón*, y realmente me molesta que tanta gente crea que los mitos son lo opuesto a la ciencia, algo así como los mitos contra los hechos. El propósito de un mito no es que sea verdad. La mente humana piensa en términos de historias, y la finalidad de un mito es ayudarnos a orientar nuestras vidas alrededor de lo que creemos es realmente importante.

Uno de los mitos centrales de mi vida es la idea de que todo ser humano es un trabajador en una fábrica que produce la compleja belleza de la vida. Todos estamos de pie sobre una banda transportadora y recibimos transmisiones de generaciones pasadas. Como trabajadores en esta fábrica, cada uno tenemos dos trabajos: apreciar todo lo hermoso que se nos ha transmitido y transformar el sufrimiento de las generaciones pasadas. Si podemos trans-

---

* No estoy bromeando.

formar incluso un poco de este sufrimiento ancestral, dejaremos el mundo mejor de lo que lo encontramos, lo que (para mí) es el nivel más alto de una vida humana.

A veces, esta banda transportadora nos ofrece una flor exquisitamente hermosa, y cuando eso sucede nuestro único trabajo es permitir que nos traiga alegría, fijarnos en su belleza y prestarle atención. Si lo hacemos, la flor se fortalecerá y nosotros también. Sin embargo, si nos enorgullecemos demasiado de que la banda transportadora nos trajo una flor y comenzamos a mirar alrededor para ver si lo que otras personas están obteniendo es mejor, perderemos la oportunidad de apreciarla, y ésta continuará su camino sin enriquecer nuestras vidas. Si no le entregamos nuestra atención, la flor comenzará a marchitarse.

Por otro lado, muchas veces la banda transportadora nos trae una gran pila de mierda humeante. Es el sufrimiento de las generaciones pasadas que llegan a nuestras vidas sin invitación. Cuando aparece cada uno de nosotros sostiene una varita mágica hecha de compasión. Nuestro trabajo al recibir un montón de mierda no es mirar hacia otro lado, sino tocarla con nuestra varita mágica de compasión para que se transforme.

Este trabajo no es agradable, requiere la voluntad de aceptar de forma cercana y personal la mierda de otras personas. Sin embargo, no hay nada que pueda ser más importante. Nos ha tocado recibir un montón de mierda, entonces la aceptamos con compasión y la dejamos ir. Cada vez que recibamos otro montón de mierda haremos exactamente lo mismo. La parte sorprendente de todo esto es que cuando aceptas un montón de mierda con compasión esta se convierte en abono. En futuras generaciones este abono tendrá la capacidad de cultivar una flor y de convertirse en una fuente de alegría. Cuando el sufrimiento se encuentra con la compasión, puede convertirse en sabiduría, lo que nos conduce a la alegría.

A veces este proceso puede resultar abrumador: un montón de mierda tras otro montón de mierda, y ni siquiera tienen un aspecto normal, entonces nos preguntamos: «¿Qué demonios? ¿Soy solo yo el que está recibiendo todo esto? ¿Por qué me está pasando esto? ¿Hay algo averiado?». Y mientras nos volvemos locos, toda esa mierda sigue llegando a través de la banda transportadora y dirigiéndose hacia las futuras generaciones.

El propósito de este mito es ilustrar un punto sutil. No debemos sentirnos avergonzados por las formas en que nos lastimamos a nosotros mismos y a otras personas. Cada ser humano recibe una parte de este sufrimiento ancestral, y cada ser humano lo transmite. No creaste de la nada ningún dolor en tu vida. Cuando observamos que nuestro sufrimiento está hecho de elementos ajenos a uno mismo, entendemos que esto no puede definirnos. Sin embargo, hay algo que cada uno de nosotros puede hacer para transformar al menos un poco del sufrimiento que hemos recibido. Podemos aprender a aceptarlo con compasión y aceptación.

CAPÍTULO 8

SANANDO EL DOLOR DEL PASADO

«Si quieres volar, debes renunciar
a la mierda que te agobia».

—TONI MORRISON

John Dunne es uno de mis diez filósofos (probablemente entre los primeros cinco) favoritos que aún viven. Una vez se encontraba en un panel y le preguntaron cómo el budismo concibe la justicia. Él respondió dejando caer su bolígrafo al suelo y preguntando si «éste merecía caerse». Cuando alguien hace algo terrible, siempre pensamos en qué tipo de castigo se «merece». ¿Mereces amor o mereces el sufrimiento que hay en tu vida?

Dunne explicó que la filosofía budista no se preocupa realmente por lo que alguien merece. Le preocupa lo que realmente sucede, por qué sucede y cómo podemos actuar para crear menos sufrimiento en el mundo.

¿Qué pasaría si dejáramos de preocuparnos por lo que la gente merece? ¿Qué pasaría si dejáramos de pensar en términos de lo que debería suceder, en lugar de lo que sucedió? Qué pasaría si reemplazamos completamente nuestro concepto de justicia con la pregunta ¿cómo crear menos sufrimiento en el mundo? Pensemos en este diagrama de Venn:

¿Qué es la justicia?

¿Qué crearía menos sufrimiento?

Creo que todo lo valioso sobre los conceptos de justicia, lo que merecemos y lo que debería suceder está contenido en la pregunta ¿qué crea menor sufrimiento? (así como también el compartir recursos, mantener a las personas seguras, etc.). Por otro lado, casi todo lo que se considera «justicia» y que no trata de minimizar el sufrimiento tiene que ver con la venganza, la retribución y otras estupideces que no ayudan a nadie. Este cambio de pensamiento es particularmente importante cuando hablamos sobre cómo responder a los perpetradores de violencia, como la persona de mi próxima historia.

Jared creció en Indiana* y formaba parte de una igle-

---

* Todos los detalles de identificación han sido cambiados para esta historia.

sia evangélica particularmente implacable. Cuando vino a verme, habló sobre la profundidad de su odio y vergüenza. Estaba socialmente aislado y a menudo pensaba en hacerse daño. Cuando Jared tenía siete años abusó de su hermana de cinco años.

Lo que sigue es una historia sobre la sanación. Es una historia sobre convertir la vergüenza en arrepentimiento, y el arrepentimiento en un compromiso activo para proteger a los niños. Pero antes de seguir con la historia de Jared, tenemos que lidiar con el hecho de que mucha gente no quiere escuchar su historia. Algunas personas creen que Jared «merece» odiarse a sí mismo y sufrir tanto como sea posible. Creen que cualquier sanación significaría salirse con la suya por los crímenes que cometió. Es posible que otras personas estén de acuerdo en que Jared sane, pero no quieren saber nada al respecto. Preguntan: «¿Por qué no cuentas la historia de su hermana?». Ciertamente he trabajado con muchas más personas que serían consideradas las víctimas irreprochables de un trauma, que mi trabajo con los perpetradores.

Quiero contar la historia de Jared precisamente porque es difícil de escuchar. Tan pronto como reconocemos que el sufrimiento es colectivo, resulta obvio que torturar a un perpetrador en prisión solo hará que sea más propenso a lastimar a alguien nuevamente. Terminará por transmitir su sufrimiento a todos los que tengan la mala suerte de cruzarse en su camino.

Nuestro sufrimiento es colectivo y nuestra sanación es colectiva. Tal vez las personas tienen miedo de esta idea porque creen que la sanación es una especie de tranquilizante que no te hace sentir nada. Sin embargo, la sanación real no borra el arrepentimiento, convierte el dolor en compasión y nos sensibiliza con nuestro impacto en los demás y nos motiva a servir. Así es como se ve:

Cuando Jared se me acercó para una consulta privada durante un retiro de meditación en Chicago, estaba al borde de las lágrimas. Me dijo: «Hice algo realmente terrible y me he odiado desde entonces. ¿Es posible encontrar la paz cuando has hecho algo así?». Respondí que siempre es posible transformar el sufrimiento, pero se necesita dedicación. Luego le pregunté si estaba dispuesto a decirme lo que había hecho. Finalmente, me lo contó, y le dije que podía ayudarlo pero que no iba a ser fácil. Dijo: «Haré lo que sea necesario».

Nos sentamos en silencio durante más o menos un minuto. Luego lo guie para cerrar los ojos y centrar su atención en las sensaciones de su cuerpo. Le pregunté qué sentía y dijo: «Sólo me quiero morir».

Yo respondí: «Entiendo. Hay una voz en ti que dice que te quieres morir, y eso está bien. No necesitamos hacer que esa voz desaparezca en este momento». Respiré hondo y continué: «Mientras esa voz está en tu mente, ¿qué sientes en tu cuerpo? ¿Hay tensión, agitación o algo parecido?».

Con los ojos aún cerrados, dijo: «Se siente jodidamente horrible. Me siento enfermo del estómago y mi cara está muy tensa. Sólo quiero desaparecer».

«Está bien, está perfecto», lo tranquilicé. «Ahora ve si puedes permitirte sentir todo esto sin tratar de hacer que desaparezca. Puede sentirse terrible, pero solo por unos segundos, después intenta quedarte solo con estas sensaciones. Los sentimientos pueden hacerse más fuertes, podrían permanecer igual o cambiar. ¿Qué notas ahora?».

«Lo mismo. Nada está cambiando y ya no quiero seguir sintiéndolo».

«Está perfecto», dije. «Hay una voz en ti que ya no quiere sentir esto. Las sensaciones están ahí, el sentimiento de enfermedad, la tensión y esa voz que te dice que los odia. Observa si puedes permitir que ambos estén allí. Ambos lo están ahora, y tú solo les estás permitiendo que lo estén. ¿Qué notas ahora?».

Jared dijo: «Sí. Todo se calma un poco». Sus ojos permanecieron cerrados mientras su rostro se suavizaba y su respiración disminuía.

Lo guie a continuar con esta práctica por unos minutos más, enviando aceptación radical a su cuerpo y mente. Cuando parecía relativamente tranquilo, le pedí que se imaginara a sí mismo como un niño de siete años, y luego le pregunté si ese niño parecía feliz o triste.

Él dijo: «Se ve nervioso, como preocupado. También sé que se siente realmente solo». Yo dije: «Está bien. Cuando lo ves allí, ¿qué te gustaría decirle?». Jared dijo: «Odio lo que hiciste».

«Bien», dije en un tono relajante. «¿Puedes decirle al niño por qué odias lo que hizo?».

La voz de Jared ahora tenía rabia: «Porque lastimaste a tu hermana y se supone que debías protegerla».

Me detuve por un momento y dije: «Sí, dile que nunca quieres que lastimen a su hermana. Luego pregúntale si estaba tratando de lastimarla».

«¡No quiero que lastimen a tu hermana!», casi gritó, y luego se echó a llorar cuando preguntó: «¿Querías lastimarla?».

«¿Qué dice él?», pregunté.

«Llora y dice que no lo sabía. Pensó que estaban jugando».

«Bueno. Quiero que le digas eso a él. Dile: "Pensaste que estabas jugando, pero lastimaste mucho a tu hermana. Ella se va a sentir realmente mal por mucho tiempo". Díselo y déjame saber cómo responde».

Jared respondió: «Llora y dice que lo siente mucho. ¿Pero cuál es el punto de todo esto? No arregla nada. El daño está hecho».

«Eso es cierto». Me detuve y continué: «Ahora mira a este niño de siete años. Está llorando y sintiéndose terrible por el daño que ha hecho. No quiso lastimar a nadie, pero lo hizo. Acaba de darse cuenta de todo el sufrimiento que ha causado. Quiero que veas esto, ve su dolor y arrepentimiento. Tómate el tiempo que necesites, pero cada vez que te sientas conmovido a decirle algo, dilo».

Jared estuvo callado por un largo tiempo. Finalmente dijo: «¡Mierda! Solo desearía que esto nunca hubiera sucedido».

Sugerí: «Intenta decirle al niño que ambos desearían que nunca hubiera sucedido». Lo hizo y asintió indicando certeza. Luego continué: «Ahora intenta decirle que sabes que no lo habría hecho si hubiera sabido cuánto daño le haría a su hermana. Avísame si se siente correcto decir esto».

Jared no respondió. En cambio comenzó a sollozar incontrolablemente. Finalmente me dijo: «Quiero odiarlo, pero es solo un niño». Lloró durante mucho tiempo hasta que por fin me miró y dijo: «Esto no está funcionando. Me siento peor. Es como si el odio ya no estuviera allí, pero me siento terriblemente triste».

«Esto es el duelo», le dije. «Estás comenzando a llorar de verdad. Vuelve a tu cuerpo por un momento y cuéntame qué sensaciones hay. ¿Te sientes tenso, pesado o algo así?».

Él respondió: «Es como un gran peso sobre mi pecho».

«Está bien», le dije. «Mira si puedes dejar que esté allí. Intenta decirle al peso: "Puedes ser tan pesado como quieras ser. Te puedo sostener. Estoy aquí para ti". Observa que por muy pesado que parezca no te está aplastando».

Él asintió y permaneció callado por un largo tiempo. Cada dos minutos le recordaba que permaneciera con el peso sobre su pecho, que lo sintiera. Finalmente abrió los ojos y parecía completamente exhausto. Él dijo: «No puedo soportar sentir todo esto y ser impotente de poder arreglar cualquier cosa». Empaticé con él, pero afirmé que podría no ser tan impotente como creía. Después de sentir su dolor unos minutos más, hablamos sobre las acciones que podría tomar para mantener a los niños a salvo del abuso sexual. Finalmente, el tiempo se nos había acabado, así que me dio las gracias y se fue.

Esa fue la última vez que vi a Jared, pero recibo correos electrónicos de él esporádicamente. Ahora es voluntario como defensor y educador contra el abuso sexual infantil. Incluso comparte su historia con los padres de familia, para hablar sobre estrategias que puedan mantener a los niños seguros. Me dijo que cada vez que cuenta su historia a un grupo de padres, se imagina que acaba de salvar a un niño.

También continúa practicando para sentir su dolor, que, según dice, se ha vuelto más tolerable, pero no está seguro de que alguna vez se vaya.

Bien, ahora tomemos un respiro. Esta fue una historia muy intensa.

No todos los perpetradores de violencia sexual son capaces de este tipo de transformación, y ciertamente no de manera tan rápida o directa. También hay evidencias de que existen verdaderos sociópatas: personas que pueden ser neurológicamente incapaces de sentir empatía[*]. Sin embargo, son muchas más las personas que son capaces de sanarse, en relación con los que tienen la oportunidad de hacerlo. Los estadounidenses en particular son realmente buenos tirando a la gente al basurero, y espero que esta historia ejerza una influencia que pueda moderar esta tendencia en nosotros.

Cuando comparto la historia de Jared, algunas personas se sienten provocadas por ella. Otros, especialmente si han lastimado a alguien en el pasado y se odiaron por ello, tienden a sentirse aliviados. Lo que sea que sientas en este momento, puedes aprender de ello. Puedes aplicarlo para tu mayor propósito. Queremos conservar nuestra

---

[*] La investigación sugiere que están desproporcionadamente en prisión o en puestos de poder como las finanzas y el gobierno.

humanidad en un mundo jodido. Sin embargo, el dolor y el trauma que cargamos del pasado pueden hacer que eso se sea imposible. El dolor del pasado puede hacernos percibir amenazas donde no las hay, activando el sistema de respuesta a amenazas en nuestro cerebro y cuerpo. Puede sacarnos del presente cerrando nuestros corazones y mentes.

La historia de Jared es un ejemplo de sanar el dolor del pasado. La sanación no nos hace sentir felices por las formas en que hemos lastimado a las personas. Tampoco nos hacen felices las formas en que otras personas nos han hecho daño. No nos hace estúpidos y no nos hace olvidar. En cambio, la sanación nos lleva al presente. Dejamos de vivir una vida definida por nuestro trauma, y entramos en un mundo en el que nuestro dolor es solo una parte de nuestra historia de vida. La sanación nos ayuda a prevenir futuros traumas porque desarrollamos la capacidad de discernir entre seguridad y peligro, en lugar de ver el peligro en todas partes. Lo más importante es que la sanación nos permite experimentar plenamente la seguridad, la alegría y el amor cuando están presentes.

EL ÁRBOL CENTENARIO

Si imaginas un árbol centenario, puedes observar que el árbol de cincuenta años está presente justo en su interior.

Puedes contar los anillos y señalar el árbol de cincuenta o de veinte años. El pasado del árbol realmente nunca se fue.

Los humanos son similares en el sentido de que nuestras experiencias pasadas se almacenan en las conexiones de las redes neuronales dentro del cerebro. Por ejemplo, si un perro te mordió cuando tenías ocho años, en ese momento se crearon nuevas conexiones en tu cerebro (de esta forma el cerebro almacena información). Si todavía te sientes afectado por esa experiencia, algunas de esas conexiones aún deben estar presentes, como los anillos en un árbol.

No podemos cambiar el pasado, pero podemos modificar cómo almacenamos esos recuerdos en nuestro cerebro. El término que usan los neurocientíficos para describir este proceso es: «reconsolidación de la memoria». Nuestros recuerdos se sobrescriben y cambian constantemente en función de las nuevas experiencias. Este es un fenómeno bien estudiado*. Esta es la razón por la que, si eres testigo de un crimen, te pedirán que no hables sobre él hasta que puedas atestiguar, de esta forma podrán disponer de ese recuerdo con rapidez. Sabemos que cada vez que hablas

---

* Hay muy poca ventaja evolutiva en mantener recuerdos del pasado perfectamente precisos. En cambio, tu cerebro priorizará mejorar sus predicciones sobre el futuro. Todos nuestros recuerdos se utilizan para crear modelos de cómo funciona el mundo para que podamos predecir cómo mantenernos a salvo y satisfacer nuestras necesidades.

sobre lo que viste (y en realidad cada vez que lo piensas), la memoria misma está cambiando.

En pocas palabras, cada vez que se activa un recuerdo entras en un estado que los neurocientíficos llaman «lábil» o cambiante. En ese estado puedes hacer nuevas conexiones con lo que sea que esté sucediendo en tu presente. Cuando Jaak Panksepp habló sobre la «reconsolidación de la memoria», enfatizó cómo afecta a los recuerdos emocionales. Demostró, con estudios de laboratorio, que cada vez que un mamífero (sea una rata, un mono o un humano) recuerda una situación angustiante, y activa el Circuito de cuidado* en su cerebro, se desarrolla una nueva asociación. Cuando este recuerdo se vuelve a colocar en la memoria a largo plazo (es decir una vez reconsolidado), aparecerá en una forma menos angustiosa. Memoria angustiante + Circuito de cuidado = Menos memoria angustiante.

Esta es la receta neurológica para la sanación emocional. En otras palabras, al ponerte en contacto con tu sufrimiento del pasado lo haces desde la compasión. Aceptas tu dolor con una presencia amorosa. Si tratamos de procesar el dolor del pasado sin compasión, terminaremos solo masticando una y otra vez nuestros recuerdos y reforzando nuestras vie-

---

* O Circuito de juego. Puedes leer más sobre el trabajo de Panksepp en su libro *Arqueología de la mente.*

jas historias. Sin embargo, una vez que aprendemos cómo sostener nuestro sufrimiento de la misma forma en que sostendríamos a un bebé que llora, hacemos posible una verdadera transformación.

PRÁCTICA

Nota: Hay dos tipos de obstáculos que pueden surgir durante esta práctica.

1. Puedes sentirte abrumado. Eso significa que la sensación que se avecina es demasiado grande para que puedas sostenerla con compasión.
2. Es posible que no puedas generar autocompasión en lo absoluto.

Si notas alguno de estos inconvenientes, interrumpe el ejercicio y realiza la práctica «Si te sientes abrumado», que encontrarás más adelante en este capítulo. Puedes regresar e intentarlo más tarde. Si has experimentado un trauma agudo o tiendes a sentirte abrumado por emociones fuertes, realiza esta práctica con un profesional de la salud mental.

Práctica

- Elige una experiencia dolorosa de tu pasado. Es mejor comenzar con algo pequeño, no escojas lo peor que te haya pasado en la vida. Puede ser un suceso de la infancia o algo más cercano hoy en día.
- Piensa en esa experiencia. Imagina el momento en que sucedió. Puedes recrear la experiencia doloro-

sa, o simplemente obtener una imagen de ti en ese momento.

- Cuando la imagen sea clara, observa las sensaciones que van surgiendo en tu cuerpo. Puede haber tensión, agitación o algo parecido. Si el nivel de intensidad es de 4 a 7 de 10, entonces has elegido un buen recuerdo para esta práctica. Si es menos de 4, piensa en algo un poco más difícil. Si es de 8 o más, escoge un recuerdo menos doloroso.

- Una vez que tengas un recuerdo con las características anteriores, concéntrate en las sensaciones de tu cuerpo. Date permiso para sentirlas sin tratar de cambiarlas. Deja que se queden o se vayan, permite que hagan lo que quieran. Practica así durante al menos cinco minutos.

- Ahora ponte en contacto con alguna fuente de compasión: una persona u otro ser vivo que pueda amarte y aceptarte en este momento de sufrimiento. Incluso puedes conectar con tu ser adulto, alguien que conoces, una figura religiosa o un animal. Concéntrate en esa fuente de compasión hasta que sientas calidez, apertura o una respuesta fisiológica similar en tu cuerpo. Esto te permitirá saber que tu circuito de cuidado está activo.

- Ahora imagina tu fuente de compasión enviando amor y aceptación a esa parte de ti que está sufriendo. Enviar compasión podría incluir decir palabras amables, hacer brillar algún tipo de energía o simplemente una expresión amorosa. Lo importante es que sientas amor por ti.

- Continúa esta práctica mientras te sientas bien.

Esta práctica es una forma de utilizar intencionalmente la reconsolidación de la memoria para sanar el dolor del pasado. Activa un recuerdo angustiante y al mismo tiempo activa el circuito de cuidado en tu cerebro. Si puedes completar esta práctica de una manera en la que te sientas bien, puedes usarla todos los días.

PRÁCTICA (SI TE SIENTES ABRUMADO)

A veces volver a recordar un episodio doloroso es demasiado intenso. En estos casos, existen prácticas para crear recursos que puedan ayudarnos a volver al momento presente y aprovechar un estado emocional positivo. Si has experimentado un trauma agudo, disociación, adicción, o si simplemente tiendes a sentirte abrumado por sentimientos fuertes, primero debes entrenarte en estas prácticas. Una vez que hayas desarrollado la capacidad de usarlas para regular tus emociones, entonces será más seguro revivir el dolor de tu pasado. Prueba las dos prácticas siguientes para ver en cuál de ellas te sientes más cómodo. Si ninguna de las dos te sienta bien, continúa con el próximo capítulo.

Enviando compasión
- Cierra los ojos y observa si puedes imaginar a alguien o algo que te genere calidez y amor natural sin complicaciones. Puede ser un bebé, un animal, un cachorro o cualquier cosa.
- Una vez que tengas esta imagen, deja que sea lo más clara posible. Nota las sensaciones en tu cuer-

po. ¿Sientes calidez, apertura o algo parecido? Permite que los sentimientos en tu cuerpo sean tan fuertes como ellos quieran ser.

- Con la imagen clara en tu mente, intenta decir las siguientes frases, siéntete libre de cambiarlas o soltarlas si no ayudan: «Que seas feliz. Que estés sano. Que estés a salvo. Que seas amado». Si las sensaciones positivas en tu cuerpo se fortalecen, continúa repitiendo las oraciones.
- Practica esto mientras te sientas bien.

Recibiendo compasión

- Cierra los ojos y observa si puedes imaginar a una persona u otro ser vivo que creas puede amarte y aceptarte exactamente cómo eres. Podría ser alguien que conoces, una figura religiosa, una luz blanca o cualquier cosa.
- Una vez que tengas esta imagen, deja que sea lo más clara posible. Nota las sensaciones en tu cuerpo. ¿Sientes calidez, apertura o parecido? Permite que los sentimientos en tu cuerpo sean tan fuertes como ellos quieran ser.
- Observa si puedes sentir su amor y aceptación. Déjalo entrar en tu cuerpo.
- Ahora imagínate que te está diciendo: «Que seas feliz. Que estés sano. Que estés a salvo. Que seas amado». Puedes cambiar estas frases o dejarlas ir si no se sienten bien. Si las sensaciones positivas en tu cuerpo se fortalecen, continúa repitiendo las oraciones.
- Practica esto mientras te sientas bien.

CAPÍTULO 9

NO ESTÁS LOCO

«La forma más común en que la gente renuncia al poder
es pensando que no tienen poder en absoluto».

—ALICE WALKER

Pasé la mayor parte de mis veintes en una relación a larga distancia con una mujer y hacíamos una pareja terrible. Ella estaba en la escuela de medicina en Denver mientras yo vivía en Oakland. En aquel entonces, no solo estaba atontado y enamorado, era extraordinariamente estúpido hasta el punto de ser autodestructivo. A pesar de que mis amigos me dijeron, en términos inequívocos, que estaba cometiendo un gran error, me aferré a la relación como un puto ignorante.

Por un lado, ella era hermosa, brillante, ingeniosa e increíblemente encantadora. Nuestras conversaciones telefónicas fueron dignas de una emisión de radio o televisión: rebotaban en múltiples materias académicas, arte clásico y vanguardista, y siempre histéricamente divertidas. Por otro lado, solo me demostraba cariño cuando hacía algo extraordinario. Ella era capaz de pronunciar expresiones de amor de mil vatios, pero las reservaba para los momentos en que le decía algo perspicaz o divertido, o hiciera algo creativo para ella.

Si mis bromas no eran buenas, o peor, si estaba improvisando de alguna manera, ella me retiraba por completo su afecto. Esto me mantuvo constantemente escribiéndole canciones y tomando vuelos para sorprenderla (a pesar del hecho de que estaba trabajando a tiempo parcial en un equipo de construcción y casi no tenía dinero). También me mantuvo miserable.

El punto más álgido de nuestra particular relación comenzaría porque estaba teniendo un día difícil, o porque había puesto un montón de esfuerzo en hacer algo para mantenerla feliz, en cambio ella estaba demasiado cansada por la escuela de medicina para darme el afecto que estaba buscando. De cualquier manera, lo que quería era algo de amor y no lo estaba obteniendo. Me sentía rechazado, y en sus ojos me volvía menos impresionante, lo cual hacía que se alejara aún más. Llegamos al punto en que literalmente le rogaba para que me dijera algo agradable, y ella se negaba a hacerlo.

Si fuiste amigo mío durante esta época, lamento mucho la mierda por la que te hice pasar. Era un desastre estando en esta relación, siempre me quejaba de las mismas cosas pero nunca estaba dispuesto a irme. Siempre le decía a la gente que ella era mucho más inteligente y divertida que cualquier otra mujer que hubiera conocido. Si dejaba nuestra relación, nunca volvería a encontrar a alguien como ella. Esto, por supuesto, estaba completamente mal, y todos podían verlo menos yo. A veces pienso que podría haber sido mucho más divertido tener veinte años si hubiese salido con personas que vivían en mi ciudad. Pero este es el análisis de mi yo adulto porque mi yo de veinte años, en cambio, estaba demasiado ocupado siendo un idiota.

O QUIZÁS NO FUI UN IDIOTA

Reconozco que definitivamente parecía un idiota irracional y sin escrúpulos mientras desperdiciaba preciosos años de mi juventud en una relación miserable. Sin embargo, mucha gente hace cosas como esta. Nos saboteamos, actuamos en contra de nuestro mejor juicio o no queremos hacer lo que sabemos que mejoraría nuestra vida. Afirmar que estamos siendo estúpidos no nos ayuda, necesitamos una forma de dar sentido a estos comportamientos para poder hacer algo diferente, o al menos no sentirnos tan culpables.

Hay un hecho básico sobre el cerebro humano que puede hacer que este tipo de comportamiento sea mucho más fácil de entender. Nuestros cerebros no solo conciben un pensamiento a la vez, de hecho, en cualquier momento, hay literalmente millones (algunos investigadores dicen miles de millones) de procesos mentales relativamente distintos que ocurren en tu cerebro. En este momento tu cerebro está regulando los latidos de tu corazón, manteniendo tu sentido del equilibrio, transformando formas abstractas en palabras e ideas sobre papel o una pantalla, y comparando esas ideas con tus experiencias pasadas. Tu cerebro está haciendo todo eso a la vez sin casi ningún esfuerzo tuyo.

Cuando todos estos procesos están trabajando juntos y relativamente en armonía, podemos vivir en la agradable ficción de que somos una persona que piensa una cosa y siente de una manera. Solo cuando surgen conflictos nos damos cuenta de esta multiplicidad. Por ejemplo, si te sientes dividido acerca de comenzar un nuevo trabajo, emocionado y ansioso al mismo tiempo, esto puede deberse a que dos partes diferentes de ti perciben tu situación de dos maneras diferentes.

Objetivamente estás viendo una situación impredecible, pero diferentes partes de ti evalúan la situación de manera diferente. Imagina que una red neuronal en tu cerebro está hecha de los recuerdos en que el cambio ha sido algo bueno en tu vida. Diría que tu situación actual encaja más o menos en esta fórmula (podríamos llamarla: nuevo comienzo = la vida mejora). Cuando notas este nuevo comienzo se activan emociones positivas en ti.

Otra red neuronal en tu cerebro podría estar hecha de recuerdos sobre fracasos pasados. Ves la misma situación objetiva, pero la percibes de manera muy diferente. Esta red neuronal está buscando indicios de una posible falla, y algunos de los elementos de tu nuevo trabajo también pueden coincidir con sus categorías (por ejemplo, conocer gente nueva = a veces son malos; probar algo nuevo = fracasar). Por lo tanto la red neuronal va a activar las emociones negativas. Estas dos evaluaciones separadas crean dos reacciones emocionales distintas en tu cerebro y cuerpo. Al mismo tiempo, tu experiencia vivida podría describirse como: «Siento una mezcla de sentimientos al respecto».

Siempre que las personas parezcan irracionales o autodestructivas, reconocer este tipo de multiplicidad puede facilitar su comprensión. No es una persona irracional, más bien son diferentes procesos mentales dentro de ellos mismos que llegan a conclusiones contradictorias sobre una situación. Cada proceso está haciendo una conclusión racional basada en su propia y limitada perspectiva.

Entonces, ¿qué estaba pasando conmigo cuando les dije a mis amigos: «Sé que debería irme, pero no puedo evitar sentir que ella es demasiado especial para dejarla ir». Puedo garantizar que había al menos una red neuronal en mí que se hizo a partir de mi estudio de psicología clínica, meditación y montañas de libros de autoayuda. Estaba evaluando mi relación en ese momento y diciendo: «Esto NO es saludable. Deseas estar en una relación en la que tu pareja te apoye cuando estés sufriendo. Esta es una mierda de nivel básico». Es por eso que algunas personas pueden decir: «Sabías que era mejor no quedarte con ella», pero creo que sería más exacto decir: «Una parte de mí sabía que era lo mejor».

Al mismo tiempo, había otra red neuronal en mi cerebro con una historia muy diferente. Para entender esa parte tendrías que saber un poco más sobre mi infancia. He mencionado que crecí con una madre soltera y alcohólica. Dejó de beber y se unió a AA cuando yo tenía unos ocho años, pero siguió estando emocionalmente inaccesible durante la mayor parte de mi infancia. Ambos hemos crecido mucho desde entonces y nos llevamos mucho mejor ahora, pero ha sido un largo camino.

Hasta el día de hoy mi madre no se siente muy cómoda con el dolor de otras personas. Cuando alguien a quien ama está enojado, esto la pone aún más molesta, y cada vez que me lastimaba cuando era niño, ella siempre estaba mucho más conmocionada que yo. Una vez me atropelló un automóvil mientras manejaba mi bicicleta a unas pocas cuadras de donde vivíamos. Los vecinos le avisaron y ella corrió calle abajo para ver si estaba bien. Mientras estaba acostado en la carretera esperando la ambulancia, recuerdo haber intentado consolarla y ayudarla a calmarse.

Mi madre también puede sentirse muy orgullosa y emocionada con mis éxitos. Esto condujo a un patrón de intimidad casi idéntico a la de mi relación a distancia. Cuando era fuerte y exitoso, mi mamá me colmaba de cumplidos (que es su forma de mostrar afecto). Cuando estaba luchando con algo, eso la asustaba y yo no obtenía nada.

Puedo decir todo esto ahora, pero obviamente no tenía tanta perspectiva cuando era niño. En cambio, las pequeñas neuronas en el cerebro de mi niño interior estaban tratando de encontrar alguna historia para dar sentido a este patrón de intimidad. Intentaban crear un modelo de quién soy realmente y qué debo hacer para obtener el amor que necesito. A esas neuronas se les ocurrió la historia de: «Mamá te ama cuando mereces amor, y la única forma de merecer amor es siendo excepcional». Cuando conocí a esa novia, esa vieja red neuronal dijo: «¡BOOM! El ajuste perfecto. Ella da amor sólo cuando lo mereces, por lo que su amor es más auténtico que el de esas personas raras que te aman todo el tiempo».

Este tipo de amor condicional era adictivo para mí. Tenía que ganarlo, así que era realmente satisfactorio cuando lo obtenía. Era profundamente familiar y coincidía con la historia central que tenía sobre que solo merecía amor cuando era excepcional. Sin embargo, la otra cara de la moneda, de solo merecer el amor a veces, es la creencia de que la mayoría de las ocasiones no lo merezco, y es una forma horrible de vivir.

UN MOMENTO TRANSFORMADOR

No fue fácil para mí ver la conexión entre la falta de amor en mi relación y la falta de amor en mi infancia. Tenía un millón de razones por las cuales creía que mi novia era realmente perfecta para mí. No fue hasta que un amigo mío, que era meditador y estudiaba psicología clínica, se cansó por completo de mis quejas y me hizo ver lo equivocado que estaba.

Me dijo que imaginara a mi novia durante tiempos difíciles en los que yo hubiera necesitado cariño, pero nunca recibí nada. Esto no fue difícil porque con ella sucedía todo el tiempo. Luego me dijo que le suplicara algo de amabilidad y que prestara atención a las sensaciones en mi cuerpo cuando me dirigiera a ella. Mi amigo hizo que mantuviera esta visualización durante un largo tiempo, en parte para ayudarme a conectar con todos los sentimientos que habían surgido y en parte (creo) para que notara mi masoquismo.

Después de estar sentado durante varios minutos con estas horribles sensaciones en mi cuerpo, me hizo una pregunta que desde entonces he usado con miles de otras personas. Él me preguntó: «¿Cuándo fue la primera vez que recuerdas sentirte exactamente así?». En ese momento todas mis defensas colapsaron. Pude ver que este noviazgo repetía los aspectos más dolorosos de la relación con mi madre, y una vez que tomé conciencia, ya no pude ignorarlo. Se terminó. Terminamos nuestra relación esa noche. Después de estar soltero por un tiempo descubrí que por primera vez en mi vida me atraían las mujeres que me apoyaban incondicionalmente.

LA VIDA Y MUERTE
DE UNA RED NEURONAL

¿Qué paso ahí? ¿Qué fue de esa experiencia que me cambió tan profundamente? Sé que si mi amigo me hubiera dicho que mi novia se parecía mucho a mi madre, lo habría bloqueado por completo. Lo sé porque sucedió más de una vez, sin embargo, no solo me lo dijo y me lo mostró, se aseguró de estar hablando con la parte de mí que se negaba a abandonar la relación, exhibiéndola ante mí. Será útil hablar un poco más sobre cómo las miles de redes neuronales en nuestros cerebros trabajan juntas (o no). Cuando era niño algunas de las pequeñas neuronas en mi cerebro inventaron una historia para explicar por qué mi madre podía ser afectiva algunas veces, pero no otras. Decidieron que «la única forma de merecer el amor es siendo excepcional». Esta historia hizo un gran trabajo al predecir cuándo recibiría o no el amor de mi madre. Cada vez que hacía una predicción correcta, mi cerebro decía: «Esta historia debe ser cierta», de modo que la red neuronal se fortaleció y terminó convirtiéndose en una creencia central.

Esto nos lleva a un problema con la organización del cerebro. Una vez que la historia de una red neuronal supera un umbral de precisión predictiva, se vuelve casi inmune a la contraevidencia. No sabemos por qué, pero los neurocientíficos computacionales tienen algunas ideas.

La teoría que tiene más sentido para mí es la siguiente:

Cuando las neuronas crearon su historia estaban en un tipo de prueba. Una parte de alto nivel en mi cerebro estaba monitoreando la historia y prestando atención a la exactitud con la que predecía el comportamiento de mi madre. Esa parte de alto nivel en mi cerebro era como el supervisor de control de calidad que tenía acceso a una gran cantidad de información, incluido todo lo que notaba conscientemente. Una vez que la historia de «sólo mereces amor cuando eres excepcional» hizo predicciones correctas sobre mi madre unas cinco mil veces seguidas, el monitor de alto nivel en mi cerebro decidió que «era obviamente cierto, así que había pasado el periodo de prueba, y ahora podía centrar su atención en otras cosas». A partir de ese momento esta historia quedó básicamente sin supervisión.

Entonces, ¿qué sucede con una historia cuando ya no está siendo supervisada? Este es el punto en el que se vuelve casi inmune a la contraevidencia, y la razón proviene de cómo nuestros cerebros conservan el poder de procesamiento. Todas las historias individuales en tu cerebro están programadas para ignorar todo lo que no se relaciona específicamente con ellas, y solo despertar cuando lo necesiten. Por ejemplo, se supone que la red neuronal en tu cerebro a cargo de los modales debe permanecer dormida hasta que los modales sean solicitados. La red se da cuenta cuando te sientas en un buen restaurante, se despierta y hace su trabajo.

Por lo tanto, la parte de mí que creía que «sólo merecía amor cuando fuera excepcional» dormía en cualquier experiencia que no coincidía con su historia. Se despertaba con mi madre o con cualquier otra persona que tuviera un patrón similar de afecto. Sin embargo, cuando comencé a conocer a más personas de las que recibía apoyo incondicional en la universidad, esa red neuronal no las computaba en absoluto. No se ajustaban al patrón, por lo que eran irrelevantes. Así es como se puede mantener una creencia central durante años a pesar de la abrumadora evidencia contraria. La red se despierta cuando tu vida respalda su historia y duerme sobre cualquier cosa que la desafíe.

Una vez que esa creencia central en mí se solidificó, moldeó profundamente cómo experimentaba la intimidad. El apoyo incondicional se sentía bien, pero desconocido. Por otro lado, las personas que solo eran amables cuando era excepcional activaron una parte de mi cerebro que me decía: «Esto es amor verdadero».

La razón por la que mi amigo pudo ayudarme a dejar de lado esta historia fue porque sabía cómo despertarla. Sabía que, aún con toda la contraevidencia del mundo, no iba a poder mellar la creencia central profundamente arraigada, si la red neuronal que lo contenía podía mantenerse dormida. Así que me hizo visualizar a mi novia justo en medio de nuestra dinámica más disfuncional. Esperó hasta que estuvo seguro de que todas las redes neuronales relacionadas con esa dinámica estuvieran despiertas y activadas, y en ese momento su pequeña contraevidencia me tocó profundamente y cambió mi vida.

CÓMO SEGUIR SIENDO HUMANO CUANDO TE ODIAS A TI MISMO

Todos tenemos algo sobre nosotros mismos que no nos gusta o que desearíamos que fuera diferente. Algunos de nosotros somos autocríticos, otros no podemos hacer las cosas que mejorarían nuestras vidas, o al menos no de manera consistente. Algunas personas no podemos evitar ser abiertamente autodestructivos y autodespectivos.

En el capítulo 3 hablé sobre mantener nuestro sufrimiento como si sostuviéramos a un bebé que está llorando. El problema es que a veces nuestro sufrimiento no parece un bebé, parece un maldito monstruo que está tratando de arrancarnos la cara. Entonces, ¿cómo podemos aportar ternura y compasión a las partes que odiamos de nosotros mismos?

Aquí hay una diferencia realmente importante entre el amor y la aprobación. Aprender a amar la voz autocrítica en mí no significa estar de acuerdo con ella. Significa que puedo ver que es una manifestación de sufrimiento, y está intentando, a su jodida manera, encontrar algo de alivio. Observo cómo nuestra trágica y hermosa naturaleza humana está presente en ella. Sufre, quiere alivio, pero no sabe cómo encontrarlo. Es como un pájaro atrapado en un edificio que busca su libertad y seguridad golpeándose una y otra vez contra una ventana cerrada. Sé que su motivación más profunda es estar al servicio de la vida, lo que hace posible empatizar. Esta comprensión tan clara estimula un tipo especial de ternura, una que se relaciona y que quiere ayudar.

PRÁCTICA

Si hay algo en ti qué te parece irracional o resistente al cambio, puedes trabajarlo en este ejercicio para desarrollar el tipo de comprensión que conduce a la auto-compasión y la transformación.

- Piensa en algo sobre ti mismo que te gustaría cambiar. Específicamente, piensa en algo que hayas tratado de cambiar sin éxito. Nómbralo y describe exactamente cómo te gustaría que esto fuera diferente. Si se trata de una situación específica, nombra cómo te gustaría actuar, sentir o pensar de manera diferente estando en esa situación. Escríbelo.

- Ahora imagínate en una escena que muestre lo que deseas cambiar. Deja que la imagen sea lo suficientemente clara como para sentir las emociones surgiendo en tu cuerpo. Idealmente la intensidad de la emoción debería estar entre 4 y 7 de 10.

- Pasa un tiempo sintiendo estas sensaciones en tu cuerpo y permíteles ser tan fuertes como quieran. Estás en contacto con ese aspecto que quieres cambiar, y estás abierto a cualquier sentimiento que surja. Mantente enfocado en tu cuerpo. Cualquier sentimiento que pueda brotar es bienvenido.

- Cuando estés en contacto con estos sentimientos en tu cuerpo, intenta decir las siguientes oraciones y ver si alguna de ellas se siente verdadera:
  - «Hay una parte de mí que no quiere dejar de sentirse así o de seguir haciéndome esto».
  - «Hay una parte de mí que quiere aferrarse a esto».
  - «Hay una parte de mí que piensa que merezco esto».

Observa si alguna de estas oraciones se sintió verdadera. Está bien si no es así.

- Pregúntate: «¿Cuándo fue la primera vez que recuerdas haberte sentido exactamente así?» Si te conectas con un recuerdo, imagínate allí. Si no, no te preocupes por eso y continúa con el siguiente paso.
- Continúa percibiendo estos sentimientos en tu cuerpo y sintiéndote en contacto con esa parte de ti mismo. Intenta decirte: «Estoy listo para escucharte. Puedes contarme sobre tu trabajo, lo que estás tratando de hacer y por qué es tan importante para ti. No voy a atacarte». Presta atención a lo que surge.
- Asegúrate de que lo que desees cambiar esté activado y puedas sentirlo en tu cuerpo. Averigua cómo este comportamiento o historia pudo tener el propósito de estar al servicio de tu vida. Lo más probable es que sea una respuesta a una herida emocional. Intenta empatizar con la parte de ti que creía que este comportamiento o historia era una solución a un problema importante.
- Ahora intentarás completar una oración. Di las siguientes palabras en voz alta y luego termina la oración con lo que se te ocurra. No necesariamente debe tener sentido. Hazlo al menos cinco veces. «Me niego a tener compasión por mí mismo (o amarme a mí mismo) porque si lo hago...».
- Trata de nombrar la herida emocional que condujo a tu historia o comportamiento. Luego trata de describir cómo esta historia fue un intento de crear un significado, o cómo este comportamiento fue un intento de protegerte.

- Sostén ese dolor emocional con amor y compasión. Mantenlo como si sostuvieras a un bebé que llora.
- Dialoga con la parte de ti que está a cargo del comportamiento problemático o de la historia. No lo conviertas en un enemigo. Hazle saber que deseas ayudar y comparte amablemente cualquier información que él no tenga.

Si podemos aprender a amar las partes horribles de nosotros mismos, amar a otras personas será mucho más fácil. Esta es una práctica para observar algo que parece malo, estúpido, irracional, disfuncional, etc. Siempre miramos con la suposición de que hay una parte de nosotros que tiene un hermoso propósito en la vida para aferrarse a algo que parece negativo. Cuando esta forma de pensar se vuelve natural, será mucho más fácil ver también la motivación vital en la disfunción de otras personas.

CAPÍTULO 10

CÓMO SER VALIENTE

«No querer que nada sea distinto, ni el pasado, ni el futuro, ni por toda la eternidad. No sólo soportar lo necesario, y aún menos disimularlo... sino amarlo».

—FRIEDRICH NIETZSCHE

En el verano de 2005 me dirigía a Plum Village (un monasterio budista ubicado en Francia), donde reside Thich Nhat Hanh, para practicar y estudiar con él durante tres meses. Estaba en mis vacaciones de la escuela de posgrado, y los monjes me ofrecieron un puesto de trabajo por intercambio para que pudiera quedarme gratis. Gasté mi último dólar en un boleto de avión y empaqué todo lo que tenía en mi camioneta. El plan era estacionar la camioneta en un lugar de almacenamiento de vehículos en mi camino al aeropuerto.

Sin embargo, a veces los planes cambian. La noche antes de mi vuelo pasé la noche en el sofá de un amigo en Oakland. Cuando desperté había una pequeña pila de vidrios rotos donde había estado mi camioneta junto con todas mis posesiones terrenales (incluido mi pasaporte). Todo había desaparecido. No tenía dinero, ni un lugar para vivir, ni otras pertenencias aparte de la ropa que llevaba puesta. Tenía un boleto de ida y vuelta a Francia pero no tenía pasaporte. Lo peor de todo fue que mi oportunidad de ir a estudiar con mi maestro se había perdido. Sin embargo, en ese momento de perderlo todo, sonreí.

Hay una historia en la que Buda yacía sentado en una colina con una multitud de monjes, disfrutando de la comida que habían conseguido para ese día. Mientras comían un granjero se acercó corriendo por el camino. Estaba llorando y gritando, cuando le dijo a Buda: «Monje, ¿has visto mis vacas? Cuando me desperté esta mañana ya no estaban. Tengo unas pocas vacas y nada más en el mundo. Los insectos destruyeron mi pequeño cultivo de sésamo hace unas semanas. Si no encuentro mis vacas, me arruinaré y tendré que quitarme la vida. Por favor, monje, dime si han pasado por aquí».

Buda miró al granjero con los ojos llenos de compasión y dijo: «Lo siento, pero sus vacas no han pasado por aquí. Deberías buscarlas en otra parte». El granjero gritó y salió corriendo. Una vez que se fue, Buda miró a sus compañeros y les regaló una gran sonrisa. Luego dijo: «Qué suerte tienen de no tener vacas que perder».

Estos monjes habían renunciado a todo para vivir en el bosque y pedir comida. De hecho, la palabra Pali que generalmente traducimos como «monje» es *bhikkhu*, que en realidad solo significa «mendigo». Para mí esta historia trata sobre la intrepidez que proviene de dejar ir. Hay una enorme diferencia entre perder a tus vacas y dejarlas ir. De cualquier manera terminarás sin vacas, pero una es enloquecedora y la otra es liberadora.

«Dejar ir a tus vacas» no significa que no las ames, o incluso que tengas que deshacerte de ellas. Es más bien un estado mental en el que tienes claro que la vida continuaría siendo hermosa incluso si tus vacas se han ido. Tus vacas pueden quedarse o irse, y estarás bien de cualquier manera. De hecho, dejar ir puede ayudarnos a amar más incondicionalmente. Una vez que dejo ir una cosa o a una persona, me vuelvo capaz de apreciarlo cuando están presentes porque no tengo miedo de perderlos.

Así que esa mañana cuando salí y vi que mi camioneta ya no estaba, en realidad me reí y me dije: «Ahora no tienes una camioneta que perder». Llamamos a la policía y mi amigo se encargó de completar el informe policial, mientras conseguí llegar a la agencia de pasaportes de los Estados Unidos en el centro de San Francisco. De alguna manera me consiguieron un pasaporte de reemplazo a tiempo para tomar mi vuelo. Cuando crucé el Atlántico, a once kilómetros sobre las olas, me sentí increíblemente ligero y contento.

Lamentablemente no siempre soy tan agradecido. Justo esta tarde sentí que mi práctica fue un completo fracaso.

Mientras escribo esto, Annie está en medio de un riguroso tratamiento. Recibe radiación diaria con quimioterapia continua, y tiene programada otra cirugía para mañana por la mañana. La radiación es jodidamente terrible, y sufre una gran cantidad de dolor físico que la debilita la mayor parte del tiempo. Además de esto, la última semana se ha hospedado en un lugar cerca del hospital con su madre, debido a la intensidad del programa de su tratamiento, mientras yo me quedo en casa con nuestro hijo. Ella nos extraña a los dos, pero especialmente a él.

Llegó a casa ayer, y cuando esta tarde tuvo que irse nuevamente, fue como si la arrancaran de mí. Mientras la acompañaba al auto, me dijo lo abrumada que se sentía. Este ha sido el mayor tiempo que ha estado lejos de nuestro hijo desde que nació, y su dolor físico está empeorando. También está harta de las cirugías. Caminamos y la escuché, pero si soy honesto, realmente no estaba allí. Mi cuerpo estaba rígido, mi cara parecía estar hecha de piedra y sus palabras flotaban a mi lado. Pude ver lo decepcionada que estaba por mi falta de empatía, pero sentí que no tenía nada más que darle.

Una vez que el auto se alejó, me senté debajo de un árbol para reflexionar durante unos minutos mientras mi hijo jugaba. Lo primero que noté fue lo avergonzado que me sentía. Estoy escribiendo un libro sobre cómo permanecer presente, pero había fallado por completo en un momento en que realmente me necesitaban. Me sentí todo un fraude.

Debajo del árbol presté atención a la sensación de mi respiración e intenté volver al momento presente. Sabía que estaba perdido en historias y comentarios, así que me pregunté: «¿Qué es real y verdadero en este momento? ¿Qué sé con certeza?». Me senté en silencio y algo dentro de mí me dio permiso para ser un fraude. Susurró: «Puedes ser un fraude. Está bien, todavía estoy aquí para ti». Mientras hablaba todo mi cuerpo comenzó a relajarse. Mi mente estuvo en blanco más o menos durante un minuto, y luego escuché otra voz en mí que decía: «No quiero estar presente con ella. Es demasiado. Solo quiero alejarme». Y había suficiente espacio para esa voz también.

Desde ese espacio escuché: «Este sentimiento es humano y hermoso. Todos los seres vivos se sienten reacios al sufrimiento. Esta aversión es parte de la vida en ti». Me abracé y permití que ese resentimiento fuera tan fuerte como quisiera ser. Me susurré: «No quieres sufrir y no quieres ver sufrir a los demás. Por supuesto que no». En ese momento sentí compasión y aceptación, liberando mi estrés, miedo y vergüenza. Podía verme a mí mismo como un ser vivo, no diferente de cualquier otro, una parte hermosa, pequeña e inseparable de la creación. Mi corazón continuó abriéndose y la belleza de la vida en ese momento me dejó sin palabras.

Afortunadamente sucedió que vi a Annie nuevamente esa noche. Los planes habían cambiado y ella pudo pasar a vernos antes de su procedimiento. Esta vez fue diferente y pude estar allí. Me senté con ella, tomé su mano y la escuché. El resentimiento hacia su sufrimiento resurgió en mí, pero esta vez en lugar de sentir vergüenza, le di la bienvenida con amor. Una voz suave en mí dijo: «Por supuesto que esto duele y no quieres lastimarte, pero sigamos presentes ya que tenemos la oportunidad de hacer el bien». El resentimiento se volvió más ligero cuando lo acepté.

Resulta que a veces tu vaca es un camión, y otras veces es una idea. Creo que el tipo de vaca más difícil de perder es la idea de quién eres realmente. Me gusta pensar que soy alguien que puede estar presente cuando alguien que amo está sufriendo. Sin embargo, estaba tan apegado a esa imagen de mí mismo que se convirtió exactamente en lo que me impedía estar presente. Cuando me di permiso para ser un fraude, dejé de lado esa imagen de mí mismo. Entonces fui libre para ser completamente humano sin tener miedo.

NO APEGARSE A LAS IDEAS

Todos tenemos historias a las que nos aferramos que nos impiden ver las cosas como realmente son. Puedes creer que eres realmente inteligente, y esa creencia puede obstaculizar la aceptación cuando no entiendes algo. Pensar que las personas de cierta ideología política son imbéciles irracionales, puede evitar que puedas entablar un diálogo significativo con uno de ellos. A menudo, cuanto más seguros estamos de una creencia, más apegados estamos a ella. Cuando nos apegamos demasiado a una idea, ya no somos capaces de aprender o comunicarnos con certeza.

Hay una vieja historia sobre un profesor universitario que visita a un maestro zen. El profesor era un genio, había dominado todas las escuelas de filosofía y era conocido como el mejor disputante de la tierra. Deseaba ver al maestro zen porque quería demostrar que su filosofía era superior.

El maestro zen lo invitó a sentarse y le ofreció un poco de té. Luego, en tono de confrontación, el profesor preguntó: «¿Cuáles son las enseñanzas esenciales del zen?». Ante esto, el maestro comenzó a servir el té en la taza del profesor. Llenó la taza y continuó vertiendo, hasta que el té se desbordó en el suelo. El profesor trató de mantener la compostura, pero finalmente gritó: «¡La taza ya está llena! ¡No hay más espacio!». El maestro se detuvo y dijo: «Es lo mismo con tu mente, estás tan lleno de opiniones e ideas que no hay lugar para el zen». Shunryu Suzuki-roshi, fundador del Centro zen de San Francisco, resumió la historia diciendo: «En la mente de un principiante hay muchas posibilidades, en la mente de un experto pocas, por esto conserva siempre la mente de un principiante».

El valor de historias como esta es que nos enseñan a no creer que lo sabemos todo. No solo no tengo que fingir que lo tengo todo resuelto, sino que en realidad es una virtud admitir lo poco que sé con certeza. Cuando puedo mantener mis propias creencias con un cierto grado de desapego, me vuelvo abierto para aprender de la vida. Puedo dejar ir una creencia tan pronto como ya no me sirva. Sin embargo, el problema con historias como esta es que pueden hacer que parezca atractivo no decir ni hacer nada, ya que todas nuestras ideas son solo obstáculos para algún tipo de comprensión más profunda. Podemos terminar siendo complacientes, y ahora no es un momento en la historia para la complacencia.

LOS PENSAMIENTOS SON MODELOS. LOS PENSAMIENTOS SON TRAMPAS. LOS PENSAMIENTOS SON AMIGOS.

El apego a las ideas es uno de los vicios más destructores de la conexión humana. Un verdadero ser humano es la continuación de innumerables elementos ajenos a sí mismo, incluidos sus antepasados, maestros y aquellos que lo han lastimado. Un ser humano real está animado por una fuerza que busca evitar el sufrimiento y encontrar bienestar, pero a menudo no sabe cómo hacerlo. Sin embargo, la mayoría de las veces no interactuamos con seres humanos reales, interactuamos con nuestras ideas y proyecciones sobre ellos.

Tengo una historia sobre lo que motiva a mi tía a apoyar a Trump. Tengo una historia sobre cómo mi maestra de cuarto grado fue emocionalmente abusiva. Tengo una historia de que mi amigo Gary es un genio incomprendido. Si me dices que estoy equivocado acerca de alguna de estas historias, lucharé contra lo que me digas. Estoy emocionalmente involucrado en creer que son verdaderas, lo cual reconozco que es completamente estúpido.

Historias como estas son modelos mentales de los seres humanos dramáticamente más simples que las reales. Cuando estoy apegado a mi historia sobre alguien, significa que no estoy abierto a la realidad de esa persona. Estar conectado significa que, si mi modelo no coincide con la realidad, elijo mantener el modelo. Que se joda la realidad.

La falta de apego significa estar más interesado en la realidad que en los modelos. Todo comienza por reconocer que todas mis ideas son solo modelos del mundo; no son el mundo en sí mismo. Una idea nunca puede coincidir perfectamente con la realidad, al igual que un mapa nunca puede coincidir perfectamente con el terreno. Incluso si un mapa no tiene errores graves, siempre será una simplificación. Intentar comprender completamente la realidad de cualquier situación es como la historia de Borges sobre los cartógrafos que quieren crear un mapa perfecto de su imperio. Terminan con un mapa del mismo tamaño que el imperio. Es ridículo.

Cuando olvidamos que nuestras ideas son solo modelos del mundo, se convierten en trampas. Mi tía no es incapaz de razonar, pero en mi modelo mental de ella es incapaz de hacerlo. Mi maestra de cuarto grado no es la encarnación del mal, pero en mi modelo mental de ella lo es. Mi amigo Gary no es infalible, pero en mi modelo mental de él lo es. La conexión y el aprendizaje real solo son posibles cuando estoy abierto a soltar y actualizar mis modelos de personas y del mundo.

La mayoría de nosotros creemos todo lo que pensamos, lo cual es una locura. Todo el mundo sabe que somos capaces de tener una percepción o una comprensión errónea, e incluso podemos recordar todas las veces que nos hemos equivocado. Estábamos seguros de que esa persona en la fiesta nos odiaba, o de que el sonido en el patio trasero era un oso, pero realmente no era cierto. Sin embargo, de alguna manera esto no nos impide creer completamente lo que sea que pensamos a continuación. Es como si pudiéramos admitir que un pensamiento pasado fue inexacto, pero cualquier cosa que pensemos en el presente pareciese incuestionable.

La forma más útil que he encontrado para relacionarnos con nuestros pensamientos es la de imaginar que son amigos que constantemente ofrecen opiniones y consejos no solicitados. Si tienes una amiga que realmente te aprecia y no puede dejar de darte consejos, ¿cómo estableces una conexión con lo que dice? No debes rechazarla ni ignorarla de inmediato, porque es una persona que se preocupa por ti y no siempre puede estar equivocada. Sin embargo, no deberías creer sus palabras sin dudar. Idealmente, deberías tomar nota de lo que dice, apreciarla por su cariño y luego reflexionar antes de decidir si vale la pena creer algo.

Cuanto más aprendemos sobre cómo funciona la mente, más posible se hace no quedar atrapado en nuestras historias. Muchos neurocientíficos computacionales están obsesionados con algo llamado «la hipótesis del cerebro bayesiano». Básicamente significa que nuestros modelos del mundo tratan principalmente de predecir lo que sucederá en el futuro. Algunos modelos, como la frenología, son terribles para predecir. La forma del cráneo de tu vecino no te dirá nada sobre la probabilidad de que te robe. Otros modelos, como la física newtoniana, son bastante precisos. Si golpeo una pelota con cierta fuerza en un ángulo determinado, puedo predecir con mucha precisión en dónde terminará.

Según la hipótesis del cerebro bayesiano, podemos desarrollar una certeza progresiva sobre nuestras creencias en función de las veces en que puedan predecir algo con éxito. Sin embargo, la certeza nunca puede alcanzar el 100% porque está hecha de modelos basados en información incompleta.

Si podemos entrenarnos para percibir nuestra visión del mundo como una aproximación de la realidad que siempre puede actualizarse con una nueva experiencia, desarrollaremos el tipo de flexibilidad cognitiva que nos permitirá aprender, crecer y relacionarnos. Evitaremos la trampa del relativismo completo, porque nuestras creencias se basarán en nuestra experiencia del mundo. También esquivaremos la trampa de la certeza completa, porque sabremos que nuestras creencias son solo modelos.

PRÁCTICA

Elige una creencia que alguien más argumentaría en contra.

- Piénsalo y siéntete completamente seguro de que tienes razón y que los demás están equivocados.
- Mientras mantienes dicha creencia en tu mente, presta atención a las sensaciones en tu cuerpo.
- Date permiso para sentir esas sensaciones y permíteles ser tan fuertes como quieran.

- Di lo siguiente: «Está bien sentirme seguro de mis creencias. No necesito luchar contra eso». Continúa sintiendo las sensaciones en tu cuerpo.
- Dirige el amor y la aceptación hacia cualquier angustia que sientas.
- Espera hasta que tu cuerpo comience a sentirse un poco más tranquilo y trata de decirte: «Mi creencia es un modelo del mundo basado en mi experiencia, pero no es el mundo en sí mismo». Observa las sensaciones que surgen en tu cuerpo y siéntelas. Da la bienvenida a lo que sea que suceda y pasa unos minutos percibiéndolo.
- Cuando tu cuerpo se sienta tranquilo, imagina a tu oponente discutiendo contra ti. Intenta decirte: «La creencia de esta persona es un modelo del mundo basado en su experiencia. Sé que su motivación más profunda es reducir el sufrimiento».
- Finalmente, pregúntate: «Si pudiera agregar mi experiencia a la del otro, ¿qué modelo tendría sentido para ambos?».

ACTUAR CON CONVICCIÓN, PERO SIN CERTEZA

Mientras reflexionas sobre todo esto, podrías cuestionarte cómo la falta de apego a las ideas cambiaría tu capacidad de actuar. Por ejemplo, ¿cómo se supone que debo crear un cambio en el mundo si siempre dudo de mis creencias?

¿Cómo puedo permanecer abierto y sin apego a las ideas sin ser complaciente? ¿Cómo puedo tomar una posición contra algo que considero erróneo sin caer en las trampas de la certeza, como la justicia tóxica o terminar deshumanizando a mis oponentes?

Gandhi escribió mucho sobre sus luchas con estos cuestionamientos. Creía que la clave era reconocer que su perspectiva presente nunca sería inmutable, la verdad absoluta. Sin embargo, siempre tendría algo de verdad. Abogaría apasionadamente por lo que consideraba verdadero, mientras trataba de permanecer abierto a los núcleos de realidad que creía debían existir en las perspectivas de sus oponentes.

Esto puede parecer genial, pero es más fácil decirlo que hacerlo. En realidad, las personas que están abiertas a aprender de diferentes perspectivas a menudo son bastante complacientes. Pueden ser apasionados con personas cercanas a ellos, pero es menos probable que participen activamente en tratar de oponerse a la violencia y la opresión. Por otro lado, las personas que están en las primeras filas para el cambio social, a menudo están realmente apegadas a sus ideas y no están particularmente abiertas al aprendizaje. Sin embargo, no tiene por qué ser así. Algunos de los movimientos sociales más efectivos de la historia han mantenido la falta de apego a las opiniones como un valor primario. Podemos hacerlo de nuevo, y si lo hacemos, nuestro activismo será mucho más impactante.

CONVERTIRSE EN ALGUIEN AUDAZ

La falta de apego a las ideas puede ser una puerta de entrada a la audacia radical, porque todo el miedo y enojo (a veces incluso el dolor) comienzan cuando nuestra mente identifica alguna situación como inaceptable. Podría ser algo que esté sucediendo o que podría suceder. La etiqueta de «inaceptable» desencadena el sistema de respuesta a amenazas en tu cerebro y cuerpo. Crea emociones negativas que lo movilizan para cambiar o prevenir la amenaza. En ese estado psicológico tienes muy poco acceso al pensamiento deliberado. En cambio, reaccionarás principalmente en piloto automático.

Por otro lado, la valentía es posible cuando enfrentamos una amenaza y la examinamos hasta que nuestra mente ya no la ve como inaceptable. Una vez que se vuelve aceptable, ya no es una amenaza y el miedo desaparece. Quizá puedas cambiar o prevenir la situación, incluso puedes usar todo tu poder para intentarlo, pero lo harás con libertad y sin apego. El cambio se convierte en una preferencia en lugar de un requisito absoluto, lo que crea una tremenda cantidad de ligereza, apertura y humanidad.

Así es como funciona: seguramente existe alguna situación en tu vida, o algo que te preocupa pueda suceder que te está molestando. Esto puede asustarte o simplemente distraerte. De cualquier manera, reconoces que hay una situación que tu mente considera inaceptable. De nuevo, podría ser algo que ya sucedió, o podría ser algo que podría suceder. A los efectos de esta práctica, los trataremos de la misma manera.

Dirige tu atención a la situación objetiva. Trata de separar la realidad observable de tus historias al respecto. Por ejemplo, la realidad observable es que tu pareja llore y diga: «No puedo creer que hayas hecho eso». La historia podría ser que esta reacción signifique que eres una persona terrible.

A medida que lleves toda tu presencia a esta escena, abraza las sensaciones que surgen en tu cuerpo. Mantenlas como si sostuvieras a un bebé que llora, con calidez, ternura y atención amorosa. Estás enfrentando un aspecto de la realidad y permitiendo que tu cuerpo tenga una respuesta negativa. Las hormonas del estrés, como el cortisol y la adrenalina, atravesarán tu torrente sanguíneo mientras ofreces amor y aceptación. A medida que aceptas tu experiencia con compasión, se activará el circuito de atención en tu cerebro que comenzará a regular tus emociones. Mientras, probablemente continuarás enfocándote en la escena que calificaste de inaceptable.

Tu mente podría saltar de esta escena a otras recreando la situación, como si realmente sucediera, lo que sería aún peor. Para el propósito de esta práctica, no luches contra estos pensamientos. De hecho, la verdadera valentía proviene de estar abierto al peor de los casos que tu mente pueda crear. Aunque estos escenarios sean inciertos, permite la posibilidad de que puedan suceder. Enfrenta el peor de los casos mientras aceptas tu miedo con amor.

Con el tiempo algo se abrirá. Tu cerebro reconocerá que incluso el peor de los casos que puedas imaginar no es tan malo como parecía. Percibirás que incluso si sucede lo peor, el amor seguirá siendo posible. Ahora, al enfrentar esta situación, tu respuesta fisiológica es diferente. La situación es la misma, pero ya no inspira tanto miedo o ira. Practicando la autocompasión podrás elegir actuar o no actuar con libertad y espacio. Este es el estado al que llamo valentía.

CAPÍTULO 11

LA COMUNIDAD COMO UN REFUGIO, LA COMUNIDAD COMO UN ARMA

«Los seres humanos serán más felices, no cuando curen el cáncer o lleguen a Marte [...] sino más bien cuando encuentren las formas de habitar comunidades primitivas».

—KURT VONNEGUT

Leamos tres citas sobre la comunidad y luego reflexionemos qué significan en conjunto. En el *Upaddha Sutta* Buda tiene una conversación con su asistente Ananda. Ananda dice que, después de todos sus años de práctica de meditación, ha llegado a creer que tener buenos amigos espirituales es la mitad del camino, entonces le pregunta a Buda si está de acuerdo.

Buda dice:

No digas eso, Ananda. Tener buenos amigos espirituales no es la mitad del camino. En realidad es la totalidad del camino. Cuando alguien tiene buenos amigos espirituales, puede esperar que se desarrollen y persigan la vida santa.

Entonces Buda afirma que la amistad espiritual lo es todo cuando se trata del desarrollo espiritual. De hecho la comunidad de practicantes, a menudo llamada Sangha, es considerada una de las Tres Joyas del budismo, en pie de igualdad con Buda y sus enseñanzas.

Nuestra segunda cita se atribuye a la feminista y antropóloga Margaret Mead. Si bien nadie está seguro de que ella lo haya dicho, se ha convertido en una de las declaraciones más citadas entre los activistas:

Nunca dudes que un pequeño grupo de personas reflexivas y comprometidas puede cambiar el mundo. De hecho, es lo único que alguna vez lo ha hecho.

Puedo confirmar que cada movimiento social del que he formado parte se ha mantenido unido por relaciones personales estrechamente unidas. Entonces, los buenos amigos espirituales son la única forma de crecer espiritualmente, y los buenos amigos activistas podrían ser la única forma de crear un cambio.

Nuestra tercera cita proviene de Vivek Murthy, excirujano general estadounidense. En 2018 escribió:

La soledad es una creciente epidemia de salud. Vivimos en la era más conectada tecnológicamente

en la historia de la civilización, sin embargo, las
tasas de soledad se han duplicado desde la década
de 1980.

En otras palabras, a nuestra sociedad le falta en gran medida el factor único que hace posible el crecimiento espiritual y el cambio social: la comunidad.

Según Murthy, los estadounidenses reportan que se sienten más solitarios y aislados que en cualquier otro momento de la historia, y casi la mitad de los adultos dicen que diariamente no tienen interacciones sociales significativas en persona. Aunque la mayoría de nosotros supone que las personas mayores son las más aisladas, en realidad, en la Generación Z (según algunas definiciones, los nacidos después de 1997) se informa de un mayor nivel de soledad que cualquier otra generación. Además, el aislamiento social no solo es incapacitante espiritual y políticamente, la investigación ha demostrado que la soledad es tan mala para su salud como fumar un paquete de cigarrillos al día. Literalmente nos está matando.

Entonces, ¿qué se supone que deberíamos hacer? ¿Deberíamos tirar todos nuestros teléfonos celulares y escapar a las montañas, como en la película *Capitán Fantástico*? ¿Unirnos a las comunas? Queda claro que la devastadora falta de comunidad de nuestra sociedad no se resolverá con alguna nueva plataforma de redes sociales, pero no está claro qué es lo que realmente podría ayudar.

Desearía tener una solución empaquetada para este problema, pero no la tengo. Sin embargo, me parece que cualquier solución tiene que comenzar con el reconocimiento de la importancia central de la comunidad en nuestras vidas y la voluntad de priorizarla sobre otras cosas. Tendría que incluir la toma de decisiones individuales, así como la acción colectiva para resistir las tendencias socioeconómicas más amplias que se oponen directa e indirectamente a la comunidad y la sociedad.

En este capítulo, por lo tanto, compartiré algo de mi historia sobre cómo priorizar la comunidad en la vida, ofreceré algunas sugerencias y también un espacio de reflexión.

ELEGIR LA COMUNIDAD

En la primavera de 2011, Annie y yo dejamos nuestros trabajos, empacamos nuestras cosas y nos fuimos de California para mudarnos a New Hampshire. Podrías estar pensando: «¿Por qué alguien haría esto?», porque precisamente fue lo que también pensaron muchos de nuestros amigos.

He aquí por qué: unos años antes había estado en un retiro de meditación en Plum Village y escuché que dos de mis monjes favoritos, Fern y Michael, habían abandonado el monasterio y se iban a casar. Me puse en contacto con ellos y me explicaron que planeaban comenzar un nuevo proyecto diferente a todo lo que había escuchado. Básicamente sería un monasterio para laicos, un lugar donde las personas que no quieren hacer votos monásticos (como el celibato o no poseer nada) podrían vivir juntos en la comunidad y organizar retiros de meditación. Sería un lugar para vivir de manera simple, cerca de la naturaleza, y priorizar el *mindfulness* y la unión.

Annie y yo pasamos unos años coqueteando con la idea. Visitaríamos a Fern y Michael en Nueva Inglaterra y hablaríamos con ellos sobre su visión de la comunidad. Al mismo tiempo, estábamos disfrutando la vida en el Área de la Bahía. Nos encantó la cultura progresista, las artes, el clima y Annie creció en San Francisco, por lo tanto, es su ciudad natal. También teníamos trabajos estables. Fui director de un programa en Oakland para niños con trastornos emocionales severos, y Annie fue directora de un centro de educación ambiental basado en granjas cerca del condado de Marin.

Por otro lado, la vida en California tenía desventajas. Trabajando para organizaciones sin fines de lucro, siempre luchamos para pagar el alquiler en el Área de la Bahía. También sabíamos que queríamos formar una familia, y nos dimos cuenta de que nuestros amigos con niños se habían vuelto increíblemente ocupados, estresados y aún con más problemas de dinero.

Dudamos durante mucho tiempo sobre lo que debíamos hacer. Finalmente, para nosotros, el Área de la Bahía llegó a simbolizar el dinero estable, la cultura urbana y el tipo de camino profesional/familiar que vimos elegir a todos los demás. Por otro lado, unirnos a Fern y Michael fue como saltar a lo desconocido. No teníamos un plan para ganar dinero, pero no necesitábamos tanto. Esperábamos que hubiera una comunidad fuerte, pero serían sólo nuestras dos familias para comenzar. Después de estar sentados en la cerca durante tres años, finalmente dimos el salto. Mientras tanto Fern y Michael habían recaudado fondos suficientes para comprar casi cien hectáreas de bosque cerca de Keene, New Hampshire, que era barato porque los lugareños lo habían utilizado como vertedero durante treinta años. Lo limpiaron, construyeron una casa y una pequeña sala de meditación con fardos de paja y arcilla. Nos dijeron que podríamos tener un lugar para construir una casa propia si viniéramos a ayudarlos a comenzar el proyecto. Entonces lo hicimos. Se sintió como dejar ir todo lo estable y predecible para hacer espacio para la comunidad y la simplicidad.

Cuando llegamos gané un poco de dinero escribiendo y trabajando con clientes, también haciendo terapia por teléfono, pero principalmente nos enfocamos en construir una casa y comenzar el centro comunitario de vivienda colaborativa. Lo llamamos MorningSun Mindfulness Center, y todavía vivimos allí. Como construimos la casa nosotros mismos, no nos costó mucho, y nos hemos sentido perfectamente cómodos viviendo muy por debajo del umbral federal de pobreza.

LA COMUNIDAD ES UN REFUGIO
(DE TODO EXCEPTO DE TI MISMO)

Para mí vivir en MorningSun ha sido una gran bendición. No necesito mucho dinero, así que nunca estoy tan ocupado. Casi siempre hay personas alrededor que están disponibles para hablar o hacer algo. Desde el diagnóstico de Annie hemos tenido una increíble cantidad de apoyo. Además, no puedo imaginar tener mejores condiciones para apoyar mi práctica de *mindfulness*. Sin embargo, vivir en comunidad no soluciona todo.

Probablemente hayas escuchado el dicho «No importa donde vayas, allí también estarás tú». Vivir en comunidad no me ha impedido sentirme solo, frustrado y estresado, porque todavía sigue siendo la vida, y esos son estados mentales que surgirán en cualquier momento o entorno, no importa cuán solidario sea. Creo que lo que esperamos de una situación en la vida es una en la que tengamos suficiente espacio y apoyo para que podamos prestar atención y cuidar a nuestro sufrimiento.

LAS COMUNAS NO SON PARA TODOS

Vivir en MorningSun puede parecer idealista, pero obviamente no es una solución para todos. De hecho, por mucho que Annie ame a nuestra comunidad, también echa mucho de menos sus raíces en California, por lo que ni siquiera está claro cuánto tiempo nos quedaremos.

El hecho es que vamos a necesitar muchas soluciones diferentes para el problema del aislamiento social si nuestra sociedad va a recuperar algún sentido de comunidad. Algunas personas estarán dispuestas a realizar cambios importantes en su estilo de vida para encontrar simplicidad y conexión. Sin embargo, la mayoría de las personas están interesadas en hacer crecer la comunidad en el mismo lugar en el que están.

En ese caso, parece que hay algunas preguntas generales para explorar.

1. Si estás extremadamente comprometido, ¿puedes crear más espacio en tu vida para la conexión?

2. ¿Hay cosas que haces solo (o con tu núcleo familiar) que podrían hacerse en comunidad?
3. ¿Tienes bloqueos emocionales para crear conexión e intimidad?

No tengo mucho que decir sobre las dos primeras preguntas, aparte de recomendarte que te tomes un poco de tiempo y espacio para reflexionar sobre ellas y ser creativo. Sin embargo, tengo algo que decir sobre la tercera.

Si reconoces que puede haber una parte de ti que te está impidiendo una mayor conexión e intimidad, lo primero que debes hacer es evaluar si las personas en tu vida son capaces de compartir el tipo de intimidad que deseas. La intimidad siempre requiere vulnerabilidad. De hecho, de alguna manera son lo mismo. Nos sentimos cercanos a alguien en la medida en que podemos ser vulnerables con ellos, lo que significa exponernos al riesgo emocional.

¿Puedes pensar en alguien en tu vida que respondería positivamente si corrieras el riesgo de compartir más de ti mismo? Si no puedes, es posible que debas considerar hacer nuevos amigos (los grupos de meditación pueden ser lugares para comenzar). Sin embargo, si puedes pensar en alguien, tu práctica consistirá en tolerar el riesgo de exposición emocional.

PRÁCTICA

- Imagina a la otra persona e intenta decirle algo verdadero y vulnerable sobre ti. Puedes empezar poco a poco. Por ejemplo, di algo que lo haga sentir inseguro o algo sobre ti que desearías que fuera diferente.
- Presta atención a las sensaciones que surgen en tu cuerpo mientras dices esto. Permite que estas sensaciones sean tan fuertes como quieran ser. Déjalas quedarse o cambiar tanto como quieran. Pasa al menos unos minutos sintiendo y aceptando. Estás asumiendo este riesgo y algunas sensaciones desagradables pueden aparecer en tu cuerpo. No luches contra ellas. Permítete sentirlas y recuerda cuán universal son estos sentimientos.
- Mantén la imagen de compartir algo vulnerable con la persona que elijas y permanece conectado con las sensaciones de tu cuerpo. Ahora envía compasión hacia ti mismo. Puedes intentar decir palabras amables a la parte en ti que está sufriendo, imagina dirigir una energía de amor hacia ti mismo o imagina a alguien que podría amarte y aceptarte en ese momento. La parte importante es ponerse en contacto con la inseguridad de ser vulnerable y tener la experiencia de ser amado «al mismo tiempo».

Continúa con esta práctica hasta que puedas imaginar compartir algo vulnerable mientras te vas sintiendo más cómodo. En ese punto, comunícate con la persona elegida y prueba esto en la vida real.

LA COMUNIDAD COMO UN ARMA

En 1966 la guerra de Vietnam se intensificó y Thich Nhat Hanh estaba trabajando incansablemente en la Escuela de Jóvenes para el Servicio Social para ayudar a las víctimas y reconstruir las aldeas. Él y las personas que trabajaban cerca de él también estaban constantemente al borde de la desesperación. Habían pasado tres años desde que su amigo cercano Thích Quang Đức se prendió fuego para protestar contra la guerra. Estaban haciendo todo lo que estaba en su poder para tratar de terminar con la devastación, pero las cosas solo estaban empeorando.

En un día de luna llena, en febrero de ese año, Thich Nhat Hanh y cinco de sus amigos más cercanos celebraron una ceremonia en Saigón para establecer formalmente la Orden de Interdependencia (Tiêʹp Hiên). Fueron tres mujeres y tres hombres, algunos monásticos y algunos laicos, quienes hicieron votos para apoyar la práctica de *mindfulness* de los demás y trabajar juntos para el cambio social. Tendrían al menos un día a la semana para meditar, y se apoyarían mutuamente de todas las maneras posibles.

Este es un ejemplo perfecto de cómo las comunidades pueden cumplir las funciones duales de refugio emocional e instrumento de acción política. Al igual que la práctica de meditación, nuestras comunidades pueden aceptarnos cuando estamos sufriendo, y pueden fortalecernos en nuestro trabajo por un mundo mejor. Si solo son un refugio, se convertirán en entes mirándose el ombligo y escapistas. Si solo se centran en la acción, estarán emocionalmente fríos y alimentarán la justicia tóxica. Una comunidad saludable puede avanzar y retroceder entre estas funciones según lo que necesitemos.

Thich Nhat Hanh también advertiría a sus alumnos contra el intento de practicar el mindfulness sin el apoyo de una comunidad. Dijo que es como el aterrizaje de una gota de lluvia en la cima de una montaña que tiene la esperanza de llegar sola al océano. No hay forma. Sin embargo, si puede ir como parte de un río, entonces será posible llegar a su destino. Si podemos encontrar personas que compartan nuestras aspiraciones y energía colectiva nos convertiremos en parte de un río que nos llevará en la dirección que queremos ir.

CAPÍTULO 12

TUS DIEZ MIL HORAS

«[La meditación] me parece la respuesta más lujosa
y suntuosa al vacío de mi propia existencia».

—LEONARD COHEN

S i has leído hasta aquí, es de esperar que algunas de las ideas y prácticas de este libro te hayan interesado. Este capítulo final trata sobre cómo tomar las ideas que te han gustado e integrarlas lo más profundamente posible en tu persona. Se trata de pasar del pensamiento a la acción y usar la práctica para crear nuevos hábitos.

La primera parte de este capítulo trata sobre cómo practicar de una manera que te haga sentir más vivo. La segunda parte se centra en los aspectos básicos de la creación de una práctica de meditación que se adapte a ti.

NO SEAS UN ZOMBI DEL *MINDFULNESS*

Si pasas mucho tiempo en centros de retiro o grupos de meditación, es fácil tener la impresión de que el efecto principal del *mindfulness* es hacer que las personas se sientan avergonzadas y reprimidas. He nombrado a estas personas zombis del *mindfulness*. Caminan lentamente, hablan suavemente y se inclinan profundamente, pero hablar con ellos es como hablar con alguien en una secta. No parecen tener ningún tipo de pensamiento o sentimiento propio. En cambio, repiten las palabras de carácter religioso sobre las que han estado leyendo en la semana. En algunos lugares son tan herméticos que puede parecer que la única forma de encajar como un nuevo participante es actuando como lo hacen ellos. Por favor, no lo hagas.

El objetivo de practicar el *mindfulness*, la compasión, la gratitud y todo lo que hemos trabajado en los capítulos anteriores es sentirse plenamente vivo. Se trata de fortalecer tu capacidad humana en su totalidad, lo que significa sentirse cómodamente en casa con todo el espectro de la experiencia humana. Es lo opuesto a tratar de restringirse a una banda estrecha de expresión aceptable.

En cada momento de tu práctica, mantente en contacto con lo que está vivo en ti. Si solo estás siguiendo las instrucciones, no obtendrás tantos beneficios. Hay dos factores que considero pueden ser extremadamente útiles: la motivación y la confianza. En la psicología budista, la motivación (Pali: *viriya*) proviene de saber que algo es beneficioso. Fortalece esta capacidad al reflexionar sobre los beneficios de cultivar la compasión, valentía o cualquier cualidad que desees practicar, así como los peligros de no hacerlo.

Encuentro increíblemente útil en mi vida conectarme primero con mi motivación antes de participar en cualquier tipo de práctica de meditación. Me pregunto: «¿Por qué estoy haciendo esto?». Si la respuesta es: «Esta práctica es para poder desarrollar más concentración», me preguntaré: «¿Por qué esto es importante? ¿Por qué mi tiempo lo vale?». No siempre necesito responder a estas preguntas. El mero hecho de pensarlas me ayuda a mantenerme en contacto con lo que está vivo en mí y evita que siga instrucciones carentes de sentido.

Para mí, cuando la meditación se vuelve rutinaria, carece de vida y no ofrece ningún beneficio. En Plum Village hay una práctica que consiste en inclinarse ante el altar al final de cualquier evento en la sala de meditación. Si me inclino porque todos los demás se inclinan, resultará peor que una pérdida de tiempo. Esto se convierte en un obstáculo que me impide estar realmente en contacto con la vida. En cambio, puedo preguntarme: «¿Por qué debería hacer una reverencia?», lo que me recuerda usar ese momento para reconocer mi gratitud por la tradición que estoy aprendiendo. De esa manera el momento cobra vida.

Quiero ser una persona más amorosa, tolerante y valiente. Quiero ser una fuente de compasión y alegría en la vida de las personas que amo. No puedo pensar en nada que desee más, por ende, eso es lo que me motiva a practicar.

En la psicología budista, la confianza (Pali: *saddha*) proviene de saber que algo es posible y que además es posible para ti. Tal vez tenga muy claras mis aspiraciones, sé que quiero tener un corazón más abierto o enfrentar la injusticia con valentía. Sin embargo, si dudo que sea posible para mí, entonces no practicaré con la suficiente energía. Cuando sepas que desarrollar la capacidad de conservar tu humanidad es beneficioso y posible, podrás afirmar tu práctica.

NO TIENES QUE RENUNCIAR A NADA, PERO TIENES QUE ESTAR DISPUESTO A HACERLO

En cada momento de la vida actual, tu teléfono, tu trabajo, tu programa de televisión favorito y cualquier otra mierda mediática constantemente te gritará: «Préstame atención a mí. Soy lo que importa». Hay cientos de miles de profesionales inteligentes y bien remunerados que trabajan incansablemente para desarrollar nuevas formas de captar tu atención. Si permites que tu valiosa atención vaya a donde quiera que se le llame, terminarás siendo un ser humano dentro de un caparazón. En cambio, tenemos que saber lo que realmente importa y tomar decisiones deliberadas.

La siguiente condición previa para crear un cambio real en tu vida es priorizar tu práctica. Crear un espacio para ello no siempre significa sacrificar otras cosas que también son importantes para ti, pero a veces hay que hacerlo. A largo plazo, desarrollar tu capacidad de conservar tu humanidad definitivamente ayudará en tu carrera, familia, amistades y casi todo lo demás. Sin embargo, habrá momentos en los que tendrás que elegir dónde enfocar tu tiempo y energía restantes.

Si planeas dedicar un día completo a la práctica, eso significa que no podrás estar en otros lugares. Si priorizas el desarrollo del *mindfulness* y la compasión, habrá momentos en los que te verás obligado a elegir entre tu práctica y otra cosa que requiera tu atención inmediata. En mi experiencia la sensación de abundancia no proviene de tratar de tenerlo todo, si tenerlo todo implica agregar más y más a tu vida sin estar dispuesto a soltar algunas cosas. Para mí, la abundancia proviene de simplificar y ser feliz con menos.

PRÁCTICA

- Haz una lista de todo lo que en tu vida sea más importante para ti que cultivar la capacidad de conservar tu humanidad.
- Haz una lista de todo lo que es menos importante.
- Reflexiona sobre cuánto tiempo asignas a cosas que son menos importantes y considera otras formas de dedicar más energía a las cosas que más te importan.

DESARROLLA UNA PRÁCTICA DELIBERADA

El libro más vendido de Malcolm Gladwell, *Fuera de serie*, popularizó los conceptos de «práctica deliberada» y «la regla de las diez mil horas», los cuales provienen del trabajo pionero del psicólogo Anders Ericsson. Ericsson estudia cómo las personas progresan en cualquier cosa, desde deportes pasando por la música y hasta la memoria. Su investigación lo llevó a creer que casi todos los tipos de expertos practican su oficio de una manera similar, a lo que llamó práctica deliberada. Según Gladwell, diez mil horas de práctica deliberada es lo que aproximadamente se necesita para desarrollar experiencia en cualquier campo. Toco la guitarra y desearía ser mejor en ello. El problema es que el 98% del tiempo que he pasado tocando la guitarra, en el transcurso de mi vida, ha sido para interpretar canciones que no son particularmente alentadoras para mí. Entonces, si me equivoco, sigo adelante. La práctica deliberada, por otro lado, es algo diferente. Significa elegir una habilidad específica en la que quiero mejorar y centrarme en ella. Prestar atención a mis errores y corregirlos de inmediato, idealmente con el apoyo de un profesor. Finalmente, significa aumentar gradualmente el nivel de dificultad para que siempre tenga un desafío, pero nunca me sienta abrumado. Cada hora dedicada a hacer esto contaría como una hora de práctica deliberada. Por otro lado, cada hora que paso alrededor de una fogata tocando los mismos tres acordes no lo haría.

Creo que las tres condiciones para realizar una práctica deliberada también aplican al desarrollo de la capacidad para conservar nuestra humanidad.

1. Elegimos una habilidad específica que deseamos desarrollar (como gratitud, autocompasión o valentía), y trabajamos en ella. Incluso es posible realizarlo con tranquilidad y sin tanto esfuerzo. Deja de lado el deseo de lograrlo todo al mismo tiempo.

2. Debemos utilizar la retroalimentación de inmediato. Si sentimos que nuestra práctica no nos motiva, intentamos volver al aquí y ahora y preguntarnos si existe una forma más beneficiosa de relacionarse con el momento

presente. Podríamos pasar de observar nuestros sentimientos a aceptarlos, o de centrarnos en el sufrimiento a centrarnos en la alegría. Idealmente deberíamos tener el apoyo de un maestro, pero la parte importante es que identifiquemos cuando la práctica se sienta inútil y respondamos lo mejor posible.

3. Aumentamos el nivel de dificultad. Por ejemplo, una vez que encontremos algo de serenidad en la soledad de nuestro sofá, podemos comenzar a visualizarnos como una persona desafiante en la vida y entonces proporcionarnos compasión.

Comienza eligiendo una o más cualidades específicas que te gustaría desarrollar en ti mismo. Cuando hagas esto, NO lo uses como una oportunidad de autocrítica, o al menos trata de no hacerlo. Si descubres que es imposible para ti pensar en las cualidades que te gustaría desarrollar sin ser cruel contigo mismo, entonces te recomiendo empezar por la autocompasión como habilidad en la que enfocarte.

Una vez que te hayas decidido por algunas cualidades específicas, el siguiente paso es aprender sobre ellas. Es decir, desarrollar un nivel básico de comprensión intelectual. Por ejemplo: ¿Qué es la gratitud y cuáles son algunas formas comunes de desarrollarla? ¿En qué se diferencia la autocompasión de la autoestima o la autoconmiseración?

Cuando tengas una comprensión intelectual de la cualidad que deseas desarrollar, comienza a experimentar con diferentes formas de ponerla en práctica. Tu profesor te ofrecerá consejos muy variados. Prueba diferentes cosas y elige las que te parezcan útiles. Finalmente, usa estas prácticas para entrenar.

LA MEJOR RAZÓN PARA MEDITAR

Durante un retiro en Plum Village, Thich Nhat Hanh preguntó a sus alumnos por qué Buda continuó meditando después de su iluminación. Ninguno fuimos lo suficientemente valientes como para responder, así que siguió preguntando: ¿Por qué Buda continuó meditando después de su iluminación? Nos dejó contemplar la pregunta por un momento y finalmente dijo que creía saber la respuesta. Entonces dijo: «Creo que continuó meditando porque le gustaba».

Continuó enfatizando que, si no puedes encontrar una forma en la que disfrutes practicar, nunca perseverarás. Dijo que todos debemos encontrar formas de practicar lo que nos gusta. Incluso cuando estamos aceptando nuestro sufrimiento, deberíamos sentir algo de dulzura y alivio. Finalmente, repitió que la mejor razón para meditar es porque te gusta. Si tu razón para practicar es porque crees que hay algo inaceptable en ti, entonces esa creencia calará en tu práctica y socavará tus esfuerzos. En cambio, considera pensar así: «¿Podría haber una mejor dedicación en mi vida que hacer crecer en mí la compasión?». Luego, encuentra formas de hacerlo que te brinden alegría.

CUATRO FORMAS DE PRACTICAR

Hay tantas formas diferentes de practicar el *mindfulness* que puede ser abrumador decidir qué priorizar en tu propia vida. Por ello he dividido esta práctica en cuatro categorías principales como una forma de ayudarte a reflexionar sobre lo que podría ser mejor para ti. Recomiendo experimentar con diferentes formas hasta que encuentres al menos una que te guste por cada categoría.

Retiros

Hay muchísimos centros de retiro y monasterios en los Estados Unidos y en todo el mundo que ofrecen una amplia variedad de programas. Este tipo de experiencia de inmersión intensiva puede ser una de las mejores formas para profundizar en tu práctica de meditación. También puede ser un excelente primer paso para alguien que recién comienza a practicar la meditación. A veces sentarse solo durante veinte minutos puede ser arduo para los principiantes porque es difícil adaptarse a una práctica. Sin embargo, después de unos días de retiro, incluso un completo principiante a menudo tendrá una experiencia lo suficientemente profunda como para convertirse en la base de su práctica diaria en el hogar.

Al decidir qué tipo de retiro probar, hay muchas cosas a considerar. Obviamente la ubicación y las finanzas son importantes. Hay más centros de retiro en el noreste y en la costa oeste en comparación con muchas otras áreas del país, por lo que las personas que viven en otras localidades pueden viajar y escoger el lugar que les parezca mejor. También hay una gran variedad de costos para los retiros, desde los retiros de Vipassana al estilo de Goenka que son completamente gratuitos (se te pedirá que hagas una donación voluntaria solo después de haber completado el curso), hasta centros tipo spa que cobran hasta mil dólares o más por día.

Luego, puedes considerar si deseas ir a un centro que sea cristiano, budista, secular o de otra tradición. ¿Preferirías un centro dirigido por un personal de laicos o monásticos? ¿Deseas una experiencia de retiro en solitario donde puedas estar solo en una cabaña todo el día (muchos centros de retiro ofrecen esta opción), o preferirías participar en un horario de retiro estructurado con otras personas? ¿Te gustaría un retiro totalmente silencioso (los retiros de estilo Goenka, mencionados anteriormente, implican diez días de silencio total en un grupo), o prefieres algunos períodos de silencio y tiempo para poder conectarte con otros?

Si hay maestros que admiras, no hay nada como practicar junto a ellos. Recomiendo familiarizarte con maestros como el Dalai Lama, Pema Chödrön, Jack Kornfield, Tara Brach, Sharon Salzberg y Ajahn Amaro. Si puedes asistir a un retiro con un maestro, realmente vale la pena.

Personalmente, me gustan los retiros de Plum Village porque los monjes y monjas que los dirigen también viven en sus monasterios durante todo el año y han dedicado toda su vida al desarrollo del *mindfulness* y la compasión. Han hecho votos de pobreza y castidad para dedicar toda su energía a la práctica. Estos retiros son como unirse temporalmente a una comunidad de personas que han integrado el *mindfulness* en todos los aspectos de sus vidas.

Además, los retiros al estilo Plum Village no se centran simplemente en realizar una meditación concreta, en cambio, se anima a los practicantes a tratar cada momento del día como una forma de meditación. Esto incluye prácticas formales donde puedes sentarte y cantar, así como caminar, escuchar enseñanzas, discusiones en grupos pequeños y compartir la hora del almuerzo. Para mí el enfoque de llevar el *mindfulness* a diferentes tipos de actividades, me ayuda a integrar más plenamente la práctica en mi vida diaria. Sin embargo, también requiere de una gran autodisciplina. Con una estructura menos formal que algunos otros retiros, debes confiar en tu propia diligencia para tratar cada momento como una meditación. Es diferente de los retiros altamente estructurados de estilo Goenka o de un *sesshin* en un centro Soto Zen, en el que puedes practicar en silencio durante diez horas al día.

Hay muchos centros de retiro maravillosos en cada parte de los Estados Unidos y en todo el mundo. Recomiendo experimentar con diferentes tipos de retiros hasta que encuentres uno que te guste, y luego hacer todo lo posible para pasar al menos unos días en retiro cada año. Cuando me uní a la Orden de Interdependencia, me comprometí a pasar al menos sesenta días en retiro cada año. Esto equivale a un día completo de práctica por cada semana y dos retiros de cinco días al año. Siempre que sea posible, trato de pasar largos períodos de tiempo estudiando en Plum Village.

Práctica de momento a momento

Es posible aprender a sentarse, caminar y respirar de manera que la felicidad y la paz estén disponibles en cualquier momento de la vida. Cuando Thich Nhat Hanh fue ordenado monje budista (Vietnam, 1942) le dieron un pequeño libro de poemas. Le dijeron que los aprendiera de memoria para poder recitarlos durante todo el día. Había un poema para despertarse, uno para ponerse la túnica, otro para lavarse la cara, etc. Esta fue su introducción al entrenamiento monástico budista. Los poemas eran recordatorios para evocar el *mindfulness* y la compasión en cada acción y cada momento de la vida. Él mismo ha adaptado estos poemas para un uso más contemporáneo en su libro *Momento presente, momento maravilloso*. Este es el poema para despertar:

> *Al despertar esta mañana, sonreí.*
> *Veinticuatro horas completamente nuevas están*
> *delante de mí.*
> *Prometo vivir plenamente en cada momento*
> *y mirar a todos los seres con ojos de compasión.*

Imagina acercarte a cada momento de la vida de esta manera. Despiertas lleno de gratitud y te maravillas del milagro de estar vivo. Al sentarte en la cama eres profundamente consciente de todas las sensaciones en tu cuerpo. Disfrutas la sensación de las sábanas y mantas suaves, y notas la agradable temperatura de tu piel. Haces una pausa y tomas diez o doce respiraciones conscientes, sin prisa y sonriendo ampliamente porque tienes aire limpio y tus pulmones funcionan. Mientras te duchas, disfrutas plenamente de la experiencia de la ducha. Mientras desayunas, te concentras en cada bocado de comida y saboreas el sabor y la textura de los alimentos. Te sientes abrumado por la gratitud por tener suficiente comida para comer. Cada acción y cada momento de la vida se convierte en un milagro.

Esta práctica también es posible cuando la vida es más difícil. Mientras conduces al trabajo en medio del tráfico, puedes disfrutar de tu respiración y la sensación de relajación en tu cuerpo. También puedes sentirte agradecido por los maestros y las prácticas que te ayudan a ser feliz en ese momento. Si miras el reloj y te das cuenta que vas tarde diez minutos, puedes pensar: «Me estoy moviendo lo más rápido que puedo y llegaré cuando tenga que llegar». No te sientas apurado, de hecho, puedes comenzar a decirte: «Estoy llegando a tiempo en cada momento, exactamente donde estoy». Cuando llegues al trabajo, estarás renovado y lleno de alegría.

Si todo eso suena un poco absurdo, elige al menos una actividad diaria para practicar el *mindfulness*. Podría ser comer en silencio o dar un gran paseo. Hay muchas maneras diferentes de practicar la meditación mientras caminas, pero la que Thich Nhat Hanh enseña con más frecuencia es la de practicar enfocándote en llegar al momento presente con cada paso. En lugar de caminar para llegar a algún destino, se camina solo para disfrutar el caminar.

El apoyo de una comunidad

Si intentas practicar solo estás confiando en tu propia fuerza de voluntad para evitar dejarte llevar por los malos hábitos. Sin embargo, un grupo de personas con ideas afines puede proporcionarte un tipo de impulso colectivo que te ayude a vivir en armonía con tus valores. Si te sientas a meditar solo, es posible que te aburras o distraigas y te levantes después de cinco minutos. Por otro lado, cabe la posibilidad de que sentarte en un grupo durante veinte minutos sea más fácil.

La práctica formal diaria

La práctica formal diaria es el tiempo que reservas cada mañana o tarde para cultivar las cualidades que deseas desarrollar. Las prácticas formales pueden incluir meditación en un lugar específico, meditación al caminar, oraciones, cánticos, estudio de textos espirituales o inspiradores, tai chi, yoga o mediante el sonido de una campana. Cuando estudies las enseñanzas, lee a profundidad. Reflexiona sobre lo que lees y busca aplicar las enseñanzas en tu vida en lugar de solo acumular conocimiento.

Experimenta con diferentes tipos de prácticas para descubrir qué funciona mejor para ti. Thich Nhat Hanh tiene un libro llamado *Chanting from the Heart: Buddhist Ceremonies and Daily Practices* (Cánticos del corazón: ceremonias budistas y prácticas diarias) que describe diferentes tipos de prácticas formales. Hay tantas formas de meditar que creo que existe una para todos. Si aún no has encontrado una que te guste, continúa buscando. La encontrarás.

PERFILES SEGÚN LA PRÁCTICA

En mi experiencia, las personas que comienzan una práctica de meditación por lo general se dividen en tres categorías. Describiré cada una y ofreceré algunas recomendaciones.

Pequeños pasos

Si deseas comenzar a practicar lentamente y avanzar poco a poco, aquí hay un par de opciones que te recomiendo.

Opción 1. Pasa cinco minutos al día realizando una de las prácticas de este libro, o simplemente releyendo y reflexionando en torno a ella. La mayoría de las personas encuentran que el momento más conveniente para períodos cortos de meditación es al levantarte o justo antes de dormir. Usa un calendario o un diario para monitorear la frecuencia con la que puedes hacerlo. Después de una semana, aumenta el tiempo de práctica a diez minutos. Una vez que seas consistente con diez minutos al día, aumenta a veinte. Luego, cuando cumplas los veinte minutos al día, comienza a buscar un grupo de meditación o una breve experiencia de retiro.

Opción 2. Descarga una aplicación de meditación en tu teléfono*. Aumenta lentamente tu tiempo de práctica en el transcurso de un mes. Después de ser consistente con veinte minutos al día, comienza a buscar un grupo de meditación o una breve experiencia de retiro.

Sociable

Si crees que te resultará más fácil practicar con el apoyo de una comunidad, comienza buscando un grupo de meditación o una breve experiencia de retiro**. Deja que esa comunidad sea el ancla de tu práctica. Luego practica por tu cuenta entre sesiones grupales.

---

*   Recomiendo algunas en www.timdesmond.net.
** Ídem.

Yo nací para esto

Algunas personas aprenden sobre estas prácticas y es amor a primera vista. Así fue para mí, y la única pregunta que hice fue cómo poder alcanzar la mayor profundidad posible. Si así es como te sientes, aquí hay un plan para ti.

- Sesenta días de retiro anuales. Esto se puede hacer durante largos retiros o reservando un día por semana. Ya sea que estés con un grupo o solo en casa, lo importante es que dediques todo el día a practicar desde el momento en que te levantas hasta el momento de dormir.

- Veinte minutos de meditación en reposo o mientras caminas por la mañana, y veinte minutos por la noche todos los días.

- Encuentra un grupo de meditación que te guste y sé un miembro activo.

- Presta atención a las sensaciones alrededor de tu corazón durante todo el día. Cuando notes algún entumecimiento o pesadez, detén lo que estás haciendo y practica la compasión. Continúa realizando este ejercicio hasta que tu corazón vuelva a sentirse ligero.

- Al menos una vez al día, interrumpe tus actividades y pregúntate qué te brindaría la mayor alegría en ese momento. Simplemente escucha la respuesta que surja, sin evaluarla. Posteriormente pregúntate si hay algo que pueda proporcionarte más alegría que tu primera respuesta. Continúa repitiendo esta práctica hasta conseguir cierta claridad, y luego pon en marcha el resultado final. Esta es una forma de cultivar la generosidad hacia ti mismo.

UNA GUÍA PARA LA MEDITACIÓN SENTADA

Siéntate en una posición cómoda con los ojos abiertos o cerrados. Es posible que desees sentarte en una silla o en un cojín en el piso. Muchas personas encuentran que sentarse en una posición con la columna recta les ayuda a sentirse más alerta.

1. Comienza dirigiendo tu atención a la sensación de tu respiración. Trata de seguir las sensaciones físicas de tu respiración entrando y saliendo, desde el principio hasta el final de cada inhalación. Toma varias respiraciones de esta manera mientras vuelves a poner tu mente en contacto con tu cuerpo en el momento presente. Permítete disfrutar de la sensación de tu respiración y reconoce que puede ser una sensación agradable.

2. Después de un período de concentración en tu respiración, comienza a dirigir la compasión hacia ti mismo en el momento presente. Registra tu cuerpo y mente en

busca de cualquier molestia. Si hay alguna tensión física o angustia emocional, envía compasión directamente a su origen. Continúa enviándote compasión, concentrándote en lo que te hace sufrir, hasta que no encuentres ninguna angustia ni en tu mente y ni en tu cuerpo.

3. Finalmente, dedica unos minutos a sentir esta profunda experiencia de bienestar.

UNA GUÍA DE USUARIO PARA EL CAOS Y EL HORROR

Hace tan solo unos años no podría haber escrito este libro. Cuando Annie y yo llegamos por primera vez al Morning-Sun Mindfulness Center había tantas condiciones positivas en mi vida que todo lo que hice lo percibí sin ningún esfuerzo. Podía practicar meditación varias horas al día y estaba rodeado de un potente sentido de comunidad. Incluso en las jornadas de quince horas diarias para la organización de Ocupa Wall Street, me sentí liviano y alegre la mayor parte del tiempo. Pero eso fue en aquel momento.

A medida que la salud de Annie continúa deteriorándose y nuestro hijo está cercano a cumplir cinco años, mi práctica es menos sobre cómo caminar sobre el agua y más sobre cómo no ahogarme. La cantidad de caos y dolor en mi familia me ha obligado a profundizar mi práctica, y por eso estoy agradecido. Sé que no soy el único que está en riesgo de sentirse abrumado por el sufrimiento o la tragedia personal, así como por la violencia y la opresión en el mundo. Les ofrezco este libro con la esperanza de que mi experiencia los beneficie de alguna manera.

En este momento, que podemos sentarnos en medio de la tormenta y estar totalmente presentes; que podemos prestar toda nuestra atención al aquí y ahora, aunque podría estar lleno de incertidumbre y dolor, podemos permitir que el animal blando del cuerpo reaccione como quiera hacerlo, sin pedirle que sea algo diferente de lo que es; que contemplemos el cuerpo y los sentimientos con total amor y aceptación, apreciando la belleza de la vida en todas sus formas.

Que todos seamos felices. Que todos estemos sanos. Que todos estemos a salvo. Que todos seamos amados.

EPÍLOGO

El 18 de diciembre de 2018, Annie falleció. Pasó sus últimas semanas rodeada de amigos y familiares, despidiéndose con una sonrisa radiante.

Al atravesar toda esta experiencia, finalmente me siento muy agradecido por todos los maestros que me han enseñado cómo soportar mi dolor y pérdida con compasión. Gracias a ellos puedo ver que Annie no se ha ido realmente. Su huella en el mundo es su continuación: todas las personas cuyas vidas cambió.

Si pudiera, creo que Annie nos pediría que la recordemos amando sin miedo y haciendo todo lo posible para apoyar a las personas que sufren. Eso es exactamente lo que tengo planificado hacer.

AGRADECIMIENTOS

Todo mi entendimiento sobre cualquier cosa se lo debo a Thich Nhat Hanh, a los monjes y monjas de Plum Village y a los demás maestros espirituales que he tenido la suerte de conocer en mi vida. No puedo expresar la profundidad de mi gratitud hacia ellos.

Este libro no hubiera sido posible sin el apoyo de todos en el MorningSun Mindfulness Center, así como de la comunidad de activistas y organizadores con los que tuve la suerte de trabajar en el movimiento en curso por la paz, la justicia y la regeneración ecológica. Sin ustedes, toda mi esperanza e idealismo habrían muerto hace mucho tiempo.

Gracias a Stephanie Tade y Sydney Rogers por creer en mí y en este proyecto.

Lo más importante: gracias a las generaciones pasadas y a nuestros amados muertos. Nosotros somos las olas y ustedes el agua.

SOBRE EL AUTOR

TIM DESMOND es un distinguido académico en la Universidad de Antioch, donde imparte Psicología Profesional basada en la autocompasión. Actualmente, lidera una empresa de salud mental en Google que ofrece apoyo emocional asequible y accesible a personas en todo el mundo. Después de una difícil niñez, Desmond decidió seguir las enseñanzas de Thich Nhat Hanh y terminó estudiando en Plum Village, el centro de meditación budista de la Orden de Interser. Fue, además, coorganizador de Ocupa Wall Street (Occupy Wall Street).